Любов:
виконання Закону

Любов:
виконання Закону

Доктор Джерок Лі

Любов: виконання Закону, автор: доктор Джерок Лі
Випущено видавництвом «Урім букс» (Представник: Johnny H. kim)
361-66, Шіндебан-Дон, Донджак-Гу, Сеул, Корея
www.urimbooks.com

Всі права захищені. Цю книжку, або будь-які уривки з неї, забороняється відтворювати у будь-якій формі, зберігати у системі комп'ютера, передавати у будь-якій формі та будь-яким способом: електронним, механічним, робити фотокопії, записувати або користуватися для цього іншим способом без попереднього письмового дозволу видавця.

Якщо не записано інше, всі цитати із Біблії взяті з Біблії перекладу І. Огієнка.

Авторське право © 2015 Доктор Джерок Лі
ISBN: 979-11-263-0788-3 03230
Авторське право перекладу © 2013 Доктор Естер К. Чан. Використовується за дозволом.

Перше видання: серпень 2021

Раніше видано корейською мовою видавництвом «Урім букс» у 2009 році у м. Сеул, Корея

Редактор: доктор Геумсун Він
Підготоване до друку редакційним бюро «Урім букс»
Надруковано компанією «Євон»
Для отримання більш детальної інформації звертайтеся за адресою:
urimbook@hotmail.com

*«Любов не чинить зла ближньому,
тож любов – виконання Закону».*

Послання до римлян 13:10

Передмова

> Сподіваюся, що читачі здобудуть Новий Єрусалим завдяки духовній любові.

Рекламна кампанія у Великобританії організувала відкриту вікторину, де запитувалося, яким способом можна найшвидше дістатися з Единбургу, Шотландія, до Лондону, Англія. Нагорода була обіцяна людині, чия відповідь буде найкращою. Такою стала відповідь: «Подорожуйте з коханою людиною». Зрозуміло, що коли ми мандруємо у компанії коханої людини, навіть великі відстані здаються короткими. Так само, якщо ми любимо Бога, нам буде не важко застосовувати Його Слово на практиці (1 Послання Івана 5:3). Бог не дав нам Закон і не наказав виконувати Його заповіді, щоби завдати нам труднощів.

Слово «Закон» походить від єврейського слова «Тора», яке має значення «Статут» і «Урок». Тора звичайно означає П'ятикнижжя, до якого входять Десять Заповідей. Але «Закон» також означає всі 66 книжок Біблії, або статут, в якому Бог говорить нам що треба робити, чого не робити, чого триматися і чого позбутися. Люди просто можуть думати, що Закон і любов не пов'язані одне з одним, але вони нероздільні. Любов належить Богові, і без любові до Бога ми не можемо повністю виконувати Закон. Закон може бути виконаний лише якщо його виконують з любов'ю.

У наступній історії розповідається про силу любові. Один юнак потрапив в аварію, коли летів через пустелю на маленькому літаку. Його батько був дуже багатою людиною. Він найняв пошуково-рятувальний загін щоби знайти свого сина, але все було марно. Тоді він розкидав по пустелі мільйони листівок. Там було написано: «Синку, я люблю тебе!» Син, блукаючи по пустелі, знайшов одну таку листівку, слова, які він прочитав, надали йому мужності і зрештою його було врятовано. Істинна любов батька врятувала сина. Саме так, як батько розкидав свої листівки по пустелі, ми також маємо обов'язок поширювати Божу любов для багатьох інших людей.

Бог довів Свою любов, пославши Свого єдиного Сина Ісуса на цю землю, щоби спасти людей, які були грішниками.

Але законники, які жили за часів Ісуса, зосереджувалися лише на формальних вимогах Закону і не розуміли істинної любові Бога. Зрештою вони засудили на смертну кару єдиного Божого Сина Ісуса, як богохульника, котрий відміняв Закон, і розіп'яли Його на хресті. Вони не розуміли любові Бога, закарбованої в Законі.

У 13 главі 1 Послання до коринтян добре зображений приклад «духовної любові». Так говориться про любов Бога, Котрий послав Свого єдиного Сина, щоби спасти нас, приречених до смерті через свої гріхи, а також про любов Господа, Котрий полюбив нас настільки, що, залишивши Свою небесну славу, загинув на хресті. Якщо ми також бажаємо передавати любов Бога великій кількості душ, які помирають у цьому світі, ми повинні розуміти цю духовну любов і застосовувати її на практиці.

«Нову заповідь Я вам даю: Любіть один одного! Як Я вас полюбив, так любіть один одного й ви! По тому пізнають усі, що ви учні Мої, як будете мати любов між собою» (Євангеліє від Івана 13:34-35).

Цю книжку було видано для того, щоби читачі могли перевірити, наскільки вони зростили духовну любов і наскільки вони змінилися за допомогою істини. Я вдячний Геумсун Він, директору редакційного бюро, а також його працівникам. Сподіваюся, що всі читачі будуть виконувати Закон з любов'ю і в кінці здобудуть Новий Єрусалим, найпрекраснішу з усіх небесних осель.

Jaerock Lee

Вступ

Сподіваюся, що завдяки Божій істині читачі зміняться, зрощуючи у собі бездоганну любов.

Один телевізійний канал провів опитування серед заміжніх жінок. Питання було таким: чи захотіли б вони знову вийти заміж за свого чоловіка, якби вони могли вибрати чоловіка знову? Результат був приголомшуючий. Лише 4% бажали обрати того самого чоловіка. Напевно, вони вийшли заміж, бо любили своїх чоловіків, тоді чому вони передумали? Тому що вони не мали духовної любові. У книжці «Любов: виконання Закону» розповідається про духовну любов.

У Частині 1 «Важливість любові» розглядаються різноманітні форми любові між чоловіком і дружиною, батьками і дітьми, між друзями і сусідами, даючи нам уявлення про різницю між тілесною і духовною любов'ю. Духовна любов – це любов до іншої людини, яка не міняється, не бажає нічого у відповідь. І навпаки, тілесна любов змінюється в залежності від ситуації або обставин. Саме тому духовна любов дорогоцінна і прекрасна.

Частина 2 «Любов, про яку написано у главі любові»,

розділяє 13 главу 1 Послання до коринтян на три частини. Перша частина, «Яку любов бажає бачити в нас Бог» (1 Послання до коринтян 13:1-3), – це вступ до глави, яка підкреслює важливість духовної любові. Друга частина, «Характеристики любові» (1 Послання до коринтян 13:4-7), – основна частина глави любові, розповідає про 15 характеристик духовної любові. Третя частина, «Бездоганна любов», – це завершення глави любові, і розповідає нам про те, що віра і надія необхідні тимчасово, поки ми йдемо до Небесного Царства протягом свого життя на цій землі, тоді як любов триває вічно навіть у Небесному Царстві.

У частині 3, «Любов – виконання Закону», пояснюється, як виконувати Закон з любов'ю. Тут також говориться про любов Бога, Котрий зрощує нас, людей, на цій землі, а також про любов Христа, Котрий відкрив для нас шлях спасіння.

«Глава любові» – це лише одна глава з-поміж 1 189 глав Біблії. Але вона схожа на карту скарбів, на якій показано, де потрібно шукати коштовності, а також детально навчає нас, як дістатися до Нового Єрусалиму. Навіть якщо ми маємо карту і знаємо дорогу, це буде нічого не вартим, якщо ми не підемо тим шляхом. Тобто, все буде марним, якщо ми не будемо застосовувати на практиці духовну любов.

Богові подобається духовна любов. І ми можемо мати духовну любов в залежності від того, як ми чуємо і застосовуємо на практиці Боже Слово, котре є Істиною. Якщо ми маємо духовну любов, ми можемо отримати Божу любов і благословення і насамкінець увійти у Новий Єрусалим, найпрекраснішу небесну оселю. Для Бога кінцевою метою створення і зрощення людини є любов. Я молюся про те, щоби всі читачі спершу любили Бога, любили своїх близьких як самих себе, щоби вони отримали ключі і відкрили брами-перлини Нового Єрусалиму.

Геумсун Він
Директор редакційного бюро

Зміст ~ *Любов: виконання Закону*

Передмова · VII

Вступ · XI

Частина 1 Важливість любові

    Глава 1 Духовна любов · 2

    Глава 2 Тілесна любов · 10

Частина 2 Любов, про яку написано у главі любові

    Глава 1 Яку любов бажає бачити в нас Бог · 24

    Глава 2 Характеристики любові · 42

    Глава 3 Бездоганна любов · 160

Частина 3 Любов – виконання Закону

    Глава 1 Любов Бога · 172

    Глава 2 Любов Христа · 184

«А коли любите тих, хто любить вас, яка вам за те ласка? Люблять бо й грішники тих, хто їх любить».

Євангеліє від Луки 6:32

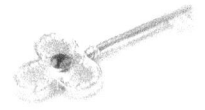

Частина 1
Важливість любові

Глава 1 : Духовна любов

Глава 2 : Тілесна любов

Духовна любов

«Улюблені, любім один одного, бо від Бога любов, і кожен, хто любить, родився від Бога та відає Бога! Хто не любить, той Бога не пізнав, бо Бог є любов!»
(1 Послання Івана 4:7-8)

Одне лише слово «любов» збуджує наш розум і змушує серце битися частіше. Якщо ми любимо когось і ділимося своєю справжньою любов'ю все своє життя, наше життя буде сповнене найбільшим щастям. Інколи ми чуємо про людей, які долають смерть, роблять своє життя прекрасним завдяки силі любові. Любов необхідна для щасливого життя; вона має величезну силу змінити наше життя.

У тлумачному словнику подається визначення любові: «Сильна прихильність до іншої людини, яка виникає від подібності або особистих зв'язків», або «Прихильність, що засновується на захопленні, доброзичливості або спільних інтересах». Але любов, про яку говорить Бог, знаходиться на рівень вище, це духовна любов. Духовна любов шукає вигоди для інших, дає їм радість, надію і життя, і ніколи не змінюється. Крім того, вона не лише дає нам користь протягом цього тимчасового, земного життя, але веде наші душі до спасіння і дає нам вічне життя.

Історія жінки, яка привела свого чоловіка до церкви

Одна жінка була вірною християнкою. Але її чоловікові не подобалося те, що вона ходить до церкви, і він знущався над нею. Навіть за таких труднощів вона кожного дня ходила на ранкові молитовні збори і молилася про свого чоловіка. Одного дня вона пішла на ранкові молитовні збори, взявши з собою чоловікові чоботи. Тримаючи чоботи біля грудей, жінка молилася зі сльозами: «Боже, сьогодні лише ці чоботи прийшли до церкви, але наступного разу зроби так, щоби їх господар також прийшов до церкви».

Через деякий час відбулося дещо дивовижне. Чоловік прийшов до церкви. З цього моменту історія така: коли б чоловік не виходив з дому на роботу, він відчував тепло у своїх чоботах. Одного дня він побачив, як дружина кудись іде з його чоботами, і пішов за нею. Вона йшла до церкви.

Він засмутився, але не міг подолати свою цікавість. Він мав дізнатися, що дружина робить з його чоботами у церкві. Коли він тихо увійшов до церкви, він побачив, як дружина молиться міцно притискаючи його чоботи до своїх грудей. Він підслухав молитву, кожне слово якої було вимовлене за його здоров'я і благословення. Його серце зворушилося. Чоловікові стало дуже шкода, що він погано поводився зі своєю дружиною. Зрештою чоловік був зворушений любов'ю своєї дружини і став щирим християнином.

Більшість дружин у такій ситуації попросили б мене помолитися про них: «Мій чоловік погано ставиться до того, що я ходжу до церкви. Будь ласка, помоліться про мене, щоби мій чоловік перестав утискати мене». Тоді б я відповів: «Швидко освятіться і увійдіть у дух. Лише таким чином можна вирішити вашу проблему». Так дружини віддаватимуть більше духовної любові своїм чоловікам в залежності від того, наскільки вони позбудуться своїх гріхів і увійдуть у дух. Який чоловік буде глузувати над дружиною, яка приносить себе у жертву і служить йому від усього серця?

Раніше дружина вважала винним лише свого чоловіка, але тепер змінилася за допомогою істини і визнала, що саме вона була винною, і стала покірною. Тоді духовне світло прогонить темряву, і чоловік також зміниться. Хто буде молитися за людину, яка притискає вас? Хто принесе себе у жертву за недбалих сусідів і проявить до них свою справжню любов? Діти Божі, які навчилися істинної любові від Господа, можуть передати таку любов іншим.

Незмінна любов і дружба Давида та Йонатана

Йонатан був сином Саула, першого царя народу Ізраїлевого. Коли він побачив, як Давид переміг одного борця Голіята, филистимського воїна, за допомогою пращі та каменю, він зрозумів, що Давид був воїном, на якого зійшов Божий дух. Йонатан був полководцем армії, але відвага Давида полонила його серце. Відтоді Йонатан полюбив Давида, як самого себе, і вони почали будувати дуже міцні дружні зв'язки. Йонатан любив Давида так сильно, що не жалів для нього нічого.

І сталося, як скінчив він говорити до Саула, то Йонатанова душа зв'язалася з душею Давидовою, і полюбив його Йонатан, як душу свою. І того дня взяв його Саул, і не пустив його вернутися до дому його батька. І склав Йонатан із Давидом умову, бо полюбив його, як душу свою. І зняв Йонатан із себе плаща, що був на ньому, та й дав його Давидові, і вбрання своє, і все аж до меча свого, і аж до лука свого, і аж до пояса свого (1 Книга Самуїлова 18:1-4).

Йонатан був спадкоємцем царського престолу як старший син царя Саула, і міг легко ненавидіти Давида, тому що Давида дуже сильно любили люди. Але Давид не мав бажання стати царем. І коли Саул намагався вбити Давида, щоби втриматися на престолі, Йонатан ризикував власним життям заради спасіння Давида. Його любов залишилася незмінною до смерті. Коли Йонатан помер під час бою біля гори Ґілбоа, Давид оплакував його, голосив і постив аж до вечора.

Скорблю по тобі, Йонатане, мій брате! Ти для мене був вельми улюблений, кохання твоє розкішніше для мене було від кохання жіночого! (2 Книга Самуїлова 1:26)

Після того, як Давид став царем, він знайшов Мефівошета, єдиного сина Йонатана, повернув йому все майно Саула і турбувався про нього, як про власного сина, забравши його у царський палац (2 Книга Самуїлова 9). Подібно до цього духовна любов означає любов до іншої людини, яка залишається незмінною протягом всього життя, навіть якщо це не приносить вигоди, а лише завдає збитків. Бути хорошим, сподіваючись отримати щось у відповідь, – це не є проявом справжньої любові. Духовна любов – це коли ви приносите себе у жертву і продовжуєте віддавати іншим безумовно, маючи при цьому чисті і правильні мотиви.

Незмінна любов Бога і Господа до нас

Більшість людей відчувають нестямний біль через тілесну любов у своєму житті. Коли ми відчуваємо біль і почуваємося самотніми через любов, яка легко змінюється, є Той, Хто утішить нас і стане нашим другом. Це – Господь. Він був зневажений і покинутий людьми незважаючи на Свою невинність (Книга Пророка Ісаї 53:3), тому Він добре розуміє наше серце. Він залишив Свою небесну славу, зійшов на цю землю, щоби пройти шляхом страждань. Так Він став нашим справжнім утішителем і другом. Він давав нам Свою істинну любов аж до смерті на хресті.

До того, як я повірив у Бога, я страждав від багатьох хвороб, потерпав від болю, почувався самотнім через бідність. Після семи років хвороби у мене залишилося лише хворе тіло, борг, який постійно зростав, зневага людей, самотність і відчай. Всі, кому я довіряв і кого любив, залишили мене. Але коли я відчув себе повністю самотнім у всьому всесвіті, до мене прийшов Бог. Коли я зустрів Його, я одразу зцілився від усіх хвороб і почав нове життя.

Любов Бога була для мене подарунком. Спочатку не я полюбив Його. Але Бог першим прийшов до мене і простягнув мені Свою руку. Коли я почав читати Біблію, я почув обітницю Божої любові до мене.

Чи ж жінка забуде своє немовля, щоб не пожаліти їй сина утроби своєї? Та коли б вони позабували, то Я не забуду про тебе! Отож на долонях Своїх тебе вирізьбив Я, твої мури позавсіди передо Мною (Книга Пророка Ісаї 49:15-16).

Любов Божа до нас з'явилася тим, що Бог Сина Свого Однородженого послав у світ, щоб ми через Нього жили. Не в тому любов, що ми полюбили Бога, а що Він полюбив нас, і послав Свого Сина вблаганням за наші гріхи (1 Послання Івана 4:9-10).

Бог не залишав мене навіть коли я боровся і страждав коли всі залишили мене. Коли я відчув Його любов, я не міг зупинити сліз, які лилися з моїх очей. Я відчував істинність Божої любові завдяки болю, який я терпів. Тепер я став пастором, Божим служителем, щоби утішати серця багатьох душ і відплатити за благодать Бога, яку я отримав.

Бог є любов. Він послав Свого єдиного Сина Ісуса на цю землю, щоби спасти нас, грішників. І Він чекає на нас у Небесному Царстві, де в Нього є багато прекрасного і дорогоцінного. Ми зможемо відчути ніжну і багату любов Бога, якщо хоча би трохи відкриємо свої серця.

Бо Його невидиме від створення світу, власне Його вічна сила й Божество, думанням про твори стає видиме. Так що нема їм виправдання (Послання до римлян 1:20).

Чому ви не думаєте про прекрасну природу? Блакитне небо, чисте море, всі дерева і рослини Бог створив для нас, щоби ми, живучи на цій землі, могли мати надію на Небесне Царство доки не опинимося там.

Споглядаючи на морські хвилі, які торкаються берега, зорі, які мерехтять наче у танці, чуючи голосний гуркіт водоспадів, відчуваючи легкий вітерець, ми можемо відчути подих Бога, який говорить: «Я люблю вас». Оскільки ми були обрані дітьми люблячого Бога, яку ми повинні мати любов? Ми повинні мати вічну і справжню любов, не безглузду любов, яка змінюється, коли ситуація перестає бути вигідною для нас.

Тілесна любов

«А коли любите тих, хто любить вас, яка вам за те ласка? Люблять бо й грішники тих, хто їх любить».
Євангеліє від Луки 6:32

Чоловік стоїть перед великим натовпом біля Галілейського моря. Блакитні морські брижі позаду Нього ніби танцюють під легким вітерцем. Люди притихли, приготувавшись слухати Його слово. Чоловік говорив людям, які сиділи всюди на маленькому пагорку. Він говорив їм лагідно, але твердо про те, що вони мають стати світлом і сіллю цього світу, любити навіть своїх ворогів.

Коли бо ви любите тих, хто вас любить, то яку нагороду ви маєте? Хіба не те саме й митники роблять? І коли ви вітаєте тільки братів своїх, то що ж особливого робите? Чи й погани не чинять отак? (Євангеліє від Матвія 5:46-47)

Як говорив Ісус, невіруючі і лихі люди можуть являти любов тим людям, які ставляться до них добре, від кого вони мають користь. Існує також фальшива любов, яка зовні здається гарною, а всередині є несправжньою. Це тілесна любов, яка змінюється з часом, руйнується і розладнується в результаті якихось дрібниць.

Тілесна любов може змінитися у будь-яку мить. Якщо ситуація або умови зміняться, тілесна любов також може змінитися. Люди часто схильні змінювати своє ставлення щодо отриманих переваг або користі. Люди віддають лише отримавши щось від інших, або віддають лише тоді, коли давання здається для них вигідним. Якщо ми даємо і бажаємо отримати стільки ж у відповідь, або якщо ми засмучуємося, коли інші люди не дають нам у відповідь, це також відбувається тому, що ми маємо тілесну любов.

Любов між батьками і дітьми

Любов батьків, які продовжують давати своїм дітям, зворушує серця багатьох людей. Батьки не говорять, що їм важко дбати про своїх дітей, докладаючи всіх зусиль, тому що вони люблять своїх дітей. Зазвичай батьки віддають найкраще своїм дітям, навіть якщо самі харчуються і одягаються погано. Але у глибині люблячого батьківського серця вони також шукають власної вигоди.

Якщо батьки дійсно люблять своїх дітей, вони повинні мати можливість віддати навіть своє життя, не бажаючи нічого у відповідь. Але насправді є багато батьків, які виховують своїх дітей заради власної вигоди і доброї репутації. Вони говорять: «Я говорю це для твого ж блага», але насправді намагаються контролювати своїх дітей так, щоби сповнити своє бажання слави, або заради грошової вигоди. Коли діти обирають собі кар'єру або одружуються, якщо вони обирають не таку роботу, не таку дружину або чоловіка, батьки не приймають їхній вибір, не погоджуються з ним і засмучуються. Це доводить той факт, що їхня відданість і жертва заради власних дітей були цілком умовними. У відповідь на батьківську любов вони намагаються отримати бажане за допомогою своїх дітей.

Любов дітей звичайно слабша, ніж любов батьків. Корейське прислів'я говорить: «Якщо батьки довго хворітимуть, всі діти залишать їх». Якщо батьки хворі, старі, і не мають шансу на одужання, якщо діти мають піклуватися про них, дітям важче справлятися з такою ситуацією. Коли діти маленькі, вони говорять щось подібне: «Я не буду одружуватися (виходити заміж) і житиму з вами, мамо, і тато». Вони насправді думають, що хочуть прожити зі своїми батьками все своє життя. Але з часом вони менше цікавляться своїми батьками через зайнятість, намагаючись заробити собі на життя. Серця людей оніміли до гріхів сьогодення, і зло настільки поширене, що іноді батьки вбивають своїх дітей, а діти вбивають батьків.

Любов між чоловіком і дружиною

А як щодо одружених пар? Коли вони зустрічаються, вони говорять приємні слова один одному: «Я не можу жити без тебе. Я кохатиму тебе вічно». Але що відбувається після одруження? Вони ображаються на свого чоловіка або дружину, говорячи: «Я не можу жити так, як мені хочеться, через тебе. Ти обманув (обманула) мене».

Вони зазвичай освідчуються одне одному, але після укладання шлюбу часто згадують про роз'єднання або розлучення лише тому що вони вважають, що їхнє походження, освіта або характери є несумісними. Якщо їжа не така гарна, як хотілося би чоловікові, він скаржиться: «Що це за страва? Це неможливо їсти!» Також якщо чоловік не заробляє достатньо грошей, дружина гризе чоловіка: «Чоловік моєї подруги вже отримав підвищення і став директором, а інший — генеральним директором... Коли ти отримаєш підвищення? Інша подруга купила більший дім і новий автомобіль, а ми що? Коли наше життя покращає?»

Згідно статистики про домашнє насилля в Кореї майже у половині всіх одружених пар проявляється насилля до чоловіків або дружин. Тож багато подружніх пар втрачають свою першу любов, починають ненавидіти одне одного і сваритися. У наш час існують пари, які розлучуються під час медового місяця! Середня тривалість шлюбів від весілля до розлучення скорочується. Люди думають, що сильно кохали своїх наречених, але живучи разом, вони бачать негативні риси одне одного. Оскільки їхній спосіб міркування і смаки відрізняються, вони постійно сперечаються з різних приводів. Тоді всі їхні почуття, які вони вважали любов'ю, охолоджуються.

Навіть якщо у них не виникало якихось видимих неприємностей між собою, вони звикають одне до одного, і почуття першої любові з часом остигає. Тоді вони починають задивлятися на інших чоловіків та жінок. Чоловік розчаровується у своїй дружині, яка виглядає розпатланою вранці, коли вона старішає і набирає вагу, він більше не вважає її привабливою. Любов з часом повинна ставати глибшою, але у більшості випадків такого не відбувається. Зрештою зміни, які відбуваються у подружжі, підтверджують той факт, що їхня любов була тілесною і шукала власної вигоди.

Любов між братами

Брати або сестри, які народилися від одних і тих же батьків і виховуються разом, повинні бути ближчими одне до одного, ніж інші люди. Вони можуть покладатися одне на одного у багатьох ситуаціях, тому що досі ділилися всім і любили одне одного. Але деякі рідні брати і сестри конкурують між собою і ревнують до інших братів або сестер.

Первенець може легко відчути, що певна частина любові, яка призначалася йому, тепер перейшла до його молодших братів і сестер. Другі діти відчувають нестабільність, тому що бачать себе нижчими за свого старшого брата або сестру. Такі діти, які мають старших і молодших за себе братів і сестер, можуть відчувати себе гіршими за старших і зобов'язаними поступатися своїм молодшим братам і сестрам. Вони також можуть почуватися жертвою, тому що не можуть привернути увагу своїх батьків. Якщо рідні брати і сестри не будуть правильно справлятися зі своїми почуттями, ймовірніше вони матимуть погані взаємини зі своїми братами і сестрами.

Перше убивство в історії людства також сталося між рідними братами. Його спричинила заздрість Каїна до молодшого брата Авеля щодо Божого благословення. Відтоді протягом всієї історії людства між братами і сестрами відбувається постійна боротьба і суперечки. Йосипа ненавиділи рідні брати і продали його у рабство до Єгипту. Син Давида Авесалом змусив одного зі своїх слуг вбити власного брата Амнона. У наш час багато братів і сестер сваряться між собою за спадкові гроші своїх батьків і стають ворогами.

І хоча ситуація не така серйозна, як описано вище, коли вони одружуються або виходять заміж і мають власні родини, вони не можуть звертати так багато уваги своїм братам і сестрам, як раніше. Я народився останнім у сім'ї, де було п'ять братів і сестер. Вони мене дуже любили. Але коли я протягом семи років внаслідок різних хвороб був прикутий до ліжка, ситуація змінилася. Я став надто важкою ношею для них. Вони намагалися вилікувати мене, але коли здалося, що надії більше немає, рідні почали відвертатися від мене.

Любов між сусідами

Корейці мають вислів, який означає «Двоюрідні сусіди». Це означає, що наші сусіди для нас такі ж близькі, як і родичі. Коли більшість людей у минулому займалися сільським господарством, стосунки між сусідами були дорогоцінними, всі вони допомагали один одному. Але цей вислів все більше втрачає свою справедливість. У наш час люди тримають свої двері зачиненими навіть для своїх сусідів. Ми користуємося охоронними системами. Люди навіть не знають, хто живе поруч з ними.

Вони не турбуються про інших і не мають жодного бажання дізнатися, хто їхні сусіди. Вони дбають лише про себе, для них важливі лише їхні близькі родичі. Вони не довіряють одне одному. Також якщо вони відчувають, що сусіди спричиняють їм деякі незручності, або завдають шкоди, вони без вагань починають сваритися з ними. У наш час є багато сусідів, які подають один не одного позови до суду навіть щодо незначних проблем. Один чоловік поранив свого сусіда, який жив у квартирі над ним, через шум.

Любов між друзями

Що можна сказати про любов між друзями? Ви можете подумати, що друг завжди буде на вашій стороні. Але будь-який друг може зрадити, розбивши ваше серце.

У деяких випадках людина навіть може попросити свого друга позичити їй значну суму грошей або виступити поручителем, тому що вона перебуває на межі банкрутства. Якщо друг відмовиться, людина скаже, що він її зрадив, і вона більше не бажає його бачити. Але хто у даній ситуації діє неправильно?

Якщо ви дійсно любите свого друга, ви не можете завдати йому болю. Якщо ви скоро збанкрутуєте, і ваші друзі стануть поручителями для вас, ймовірніше ваші друзі і їхні родини страждатимуть разом з вами. Невже любов змушує вас просити своїх друзів так ризикувати? Це не любов. Але сьогодні таке відбувається досить часто. Крім того, Боже Слово забороняє позичати і давати гроші у борг, заставляти майно або виступати поручителем для когось. Якщо ми не слухаємося Божого Слова, у більшості випадків діятиме сатана і всі причетні до тієї справи відчують збитки.

Мій сину, якщо поручився ти за свого ближнього, дав руку свою за чужого, ти попався до пастки з-за слів своїх уст, схоплений ти із-за слів своїх уст! (Приповісті 6:1-2)

Не будь серед тих, хто поруку дає, серед тих, хто поручується за борги (Приповісті 22:26).

Деякі люди вважають розсудливим заводити друзів засновуючись на корисних мотивах. Сьогодні дуже важко знайти людину, яка охоче витратить час, зусилля і гроші на своїх друзів або сусідів, щиро люблячи їх.

З дитинства я мав багато друзів. До того, як повірив у Бога, я вважав вірність друзів своїм життям. Я думав, що наша дружба триватиме вічно. Але хворіючи довгий час, я зрозумів, що любов між друзями також змінюється в залежності від власної вигоди.

Спочатку мої друзі вивчали ситуацію і намагалися знайти гарних лікарів або народні ліки для мене, але я не одужував, і вони один за одним залишили мене. Пізніше єдиними друзями для мене стали приятелі за азартними іграми і товариші по чарці. І навіть ті друзі приходили до мене не тому, що любили мене, але для того, щоби зависнути на якийсь час. Їхня любов тілесна. Вони говорять, що люблять одне одного, але скоро виявляється, що це не так.

Як би було добре, якби батьки і діти, брати і сестри, друзі і сусіди не шукали власної вигоди і ніколи не змінювали своє ставлення! Якби було так, тоді вони б мали духовну любов. Але у більшості випадків вони не мають такої духовної любові і не можуть отримати справжнього задоволення. Вони шукають любові у своїх рідних і людях, які оточують їх. Але оскільки нічого не змінюється, вони лише стають більш спраглими до любові, ніби п'ють морську воду, намагаючись втамувати спрагу.

Блез Паскаль сказав, що у серці кожної людини існує

створений Богом вакуум, який неможливо наповнити жодним створінням, а лише Богом, Творцем, про якого ми дізналися через Ісуса. Ми не можемо відчути справжнього задоволення і страждаємо від почуття марності доки не наповнимо той простір любов'ю Бога. Тоді чи означає це, що у цьому світі немає незмінної духовної любові? Ні. Це незвичайно, але духовна любов напевно існує. У 13 главі 1 Послання до коринтян написано про істинну любов.

Любов довготерпить, любов милосердствує, не заздрить, любов не величається, не надимається, не поводиться нечемно, не шукає тільки свого, не рветься до гніву, не думає лихого, не радіє з неправди, але тішиться правдою, усе зносить, вірить у все, сподівається всього, усе терпить! (1 Послання до коринтян 13:4-7)

Бог називає таку любов духовною та істинною. Якщо ми знаємо Божу любов і змінилися за допомогою істини, ми можемо мати духовну любов. Давайте мати духовну любов, за допомогою якої ми можемо любити один одного всім серцем, маючи незмінне ставлення, незважаючи на те, що це не приносить нам користі, а лише завдає шкоди.

Як перевірити духовну любов

Є люди, які помилково вірять у те, що люблять Бога. Щоби перевірити, наскільки ми зростили істинну духовну любов і любов Бога, ми можемо дослідити почуття і дії, які ми мали під час проходження очищаючих випробувань і труднощів. Ми можемо перевірити, наскільки ми зростили істинну любов, чи ми дійсно раділи і дякували від щирого серця, чи виконували ми постійно Божу волю.

Якщо ми скаржимося і ображаємося за певних обставин, шукаємо земних способів і покладаємося на людей, ми не маємо духовної любові. Це лише доводить, що наше знання Бога, а не ті знання, які ми вклали і зростили у своєму серці, є єдиним головним знанням. Фальшива грошова купюра виглядає як справжня, але вона все рівно залишається клаптиком паперу. Любов, яка залишилася лише знанням, не є істинною любов'ю. Якщо наша любов до Господа не змінюється і якщо ми покладаємося на Бога у будь-якій ситуації і під час будь-яких випробувань, тоді можна сказати, що ми зростили істинну, духовну любов.

«А тепер залишаються віра, надія, любов, оці три. А найбільша між ними любов!»

1 Послання до коринтян 13:13

Частина 2

Любов, про яку написано у главі любові

Глава 1 : Яку любов бажає бачити в нас Бог

Глава 2 : Характеристики любові

Глава 3 : Бездоганна любов

Яку любов бажає бачити в нас Бог

«Коли я говорю мовами людськими й ангольськими, та любови не маю, то став я як мідь та дзвінка або бубон гудячий! І коли маю дара пророкувати, і знаю всі таємниці й усе знання, і коли маю всю віру, щоб навіть гори переставляти, та любови не маю, то я ніщо! І коли я роздам усі маєтки свої, і коли я віддам своє тіло на спалення, та любови не маю, то пожитку не матиму жадного!»

1 Послання до коринтян 13:1-3

Це відбулося у притулку для сиріт у Південній Африці. Діти почали сильно хворіти одне за одним, і поступово кількість хворих збільшувалася. Але ніхто не міг встановити причину недуги. Для встановлення діагнозу до притулку запросили декількох відомих лікарів. Після повного обстеження вони сказали: «Коли діти не сплять, міцно обіймайте їх і протягом десяти хвилин виражайте їм свою любов».

На диво хвороба безпідставно почала відступати. Це сталося тому, що дітям більше за все необхідно було відчувати тепло і любов. Незважаючи на те, що нам не треба хвилюватися про витрати на життя і ми живемо у достатку, без любові ми не можемо мати надію або волю до життя. Можна сказати, що любов – найважливіший чинник у нашому житті.

Важливість духовної любові

Тринадцята глава 1 Послання до коринтян, яку називають главою любові, спершу наголошує на важливості любові перед детальною розповіддює про духовну любов. Це тому, що якщо ми говоримо мовами людськими і ангольськими, а любові не маємо, то стали ми як мідь та дзвінка та бубон гудячий.

Вислів «мови людські» не означає говоріння мовами як один із дарів Святого Духу. Це означає всі мови народів, які живуть на землі: англійську, японську, французьку, російську та інші. Цивілізація і знання систематизуються і передаються за допомогою мови. Тому ми можемо сказати, що сила мови насправді велика. За допомогою мови ми також можемо висловити і передати свої почуття і думки, так що ми можемо переконати або торкнутися сердець багатьох людей. Мови людей мають силу рухати народи і силу досягти багато чого.

Вислів «мови ангольські» означає прекрасні слова. Ангели – це духовні істоти, які уособлюють «красу». Коли інші люди вимовляють гарні слова приємними голосами, про них говорять, що їхній голос ангельський. Але Бог говорить, що навіть красномовні слова людей або прекрасні, ніби ангельські, слова без любові – це лише мідь дзвінка і бубон гудячий (1 Послання до коринтян 13:1).

Насправді важкий твердий шматок сталі або міді звучить не голосно, коли його вдарити. Якщо шматок міді випускає гучний шум, це означає, що він порожній всередині, або тонкий і легкий. Тарілки звучать дзвінко, тому що виготовлені з тонкої латуні. Те саме стосується людей. Нашу цінність можна порівняти із пшеницею повною зерна лише коли ми стаємо справжніми синами і доньками Бога, наповнюючи свої серця любов'ю. І навпаки, люди, які не мають любові, подібні до пустої полови. Чому?

У 1 Посланні Івана 4:7-8 написано: «Улюблені, любім один одного, бо від Бога любов, і кожен, хто любить, родився від Бога та відає Бога! Хто не любить, той Бога не пізнав, бо Бог є любов!» Тобто ті люди, які не люблять, не мають нічого спільного з Богом, вони схожі на полову, яка не має зерна. Слова таких людей не мають цінності навіть якщо вони красномовні і гарні, тому що вони не можуть дати істинної любові або життя для інших людей. Але вони лише завдають незручностей іншим людям як мідь дзвінка або бубон гудячий, тому що вони легкі і пусті всередині. З іншої сторони, слова, які містять у собі любов, мають дивовижну силу життя. Ми можемо знайти доказ цьому у житті Ісуса.

Міцна любов дає життя

Одного дня Ісус навчав у храмі, коли книжники і фарисеї привели до нього жінку. Її спіймали на вчиненні перелюбу. В очах тих чоловіків неможливо було знайти навіть натяк на співчуття.

Вони сказали Ісусу: «Оцю жінку, Учителю, зловлено на гарячому вчинку перелюбу… Мойсей же в Законі звелів нам таких побивати камінням. А Ти що говориш?» (Євангеліє від Івана 8:4-5)

Закон Ізраїля – це Слово і Закон Бога. Там є стаття, яка говорить, що того, хто порушує подружню вірність, необхідно забити камінням. Якби Ісус сказав, що вони мають побити жінку камінням згідно Закону, це означало би, що Він суперечить Своїм власним словам, тому що Він навчав людей любити своїх ворогів. Якби Він сказав простити її, то було би безсумнівним порушенням Закону, яке можливо порівняти з протистоянням до Божого Слова.

Книжники і фарисеї пишалися собою, бо думали, що тепер мають можливість принизити Ісуса. Добре знаючи їхні серця, Ісус просто нахилився і написав щось на землі пальцем. Потім Він підвівся і промовив: «Хто з вас без гріха, нехай перший на неї той каменем кине!...» (Євангеліє від Івана 8:7).

Коли Ісус знову нахилився і писав щось Своїм пальцем, люди почали розходитися по одному. Залишилася лише жінка і Сам Ісус. Ісус спас життя тієї жінки, не порушуючи Закону.

Зовні здається, що книжники і фарисеї не говорили нічого хибного, бо вони стверджували лише те, що написано було у Законі Божому. Але мотив їхніх дій надто відрізнявся від мотивів Ісуса. Вони намагалися зашкодити іншим, тоді як Ісус намагався спасати душі.

Якщо ми маємо серце Ісуса, ми молитимемось, думаючи про те, які слова можуть дати сили іншим людям і привести їх до істини. Ми намагатимемось давати життя кожним словом, яке ми промовляємо. Деякі люди намагаються переконати інших за допомогою Божого Слова, або намагаються виправити поведінку людей, вказуючи на їхні недоліки і помилки, які на їхню думку є поганими. Навіть якщо такі слова правильні, вони не можуть спричинити зміни в інших людях або дати їм життя, якщо ті слова вимовлені без любові.

Тому ми завжди повинні перевіряти себе, чи говоримо ми покладаючись на власну праведність і власні думки, або наші слова проникнуті любов'ю і бажають дати життя іншим людям. На відміну від солодкомовних слів слова, які мають духовну любов, можуть стати водою життя, щоби втамувати спрагу душі, дорогоцінними каменями, які дають радість і утішають хворі душі.

Любов і справи людини, яка жертвує собою

Звичайно «пророцтво» стосується того, що відбудеться у майбутньому. З біблійної точки зору це означає отримати серце Бога за надиханням Святого Духа для певної мети, говорячи про майбутні події. Пророкування не може відбуватися по волі людини. У 2 Посланні Петра 1:21 написано: «Бо пророцтва ніколи не було з волі людської, а звіщали його святі Божі мужі, проваджені Духом Святим». Дар пророцтва не дається випадково будь-кому. Бог не дає цей дар особі, яка ще не освятилася, тому що вона може стати гордовитою.

«Дар пророкувати», про який говориться у главі про духовну любов, дається не лише кільком особливим людям. Це означає, що будь-яка людина, яка вірить в Ісуса Христа і перебуває в істині, може передбачати і говорити про майбутнє. А саме, коли Господь повернеться на повітрі, люди, які отримали спасіння, будуть забрані на повітрі і візьмуть участь у семирічному весільному обіді, тоді як люди, які не отримали спасіння, зазнають семирічного великого горя на цій землі і потраплять до пекла після Суду великого білого престолу. Але незважаючи на те, що всі діти Божі мають дар пророкування, «передрікання того, що відбудеться у майбутньому», не всі вони мають духовну любов. Зрештою, якщо вони не мають духовної любові, вони змінять своє ставлення, намагаючись досягти своєї вигоди, і тому дар пророкування не дасть їм жодної вигоди. Сам по собі дар не може розвинути або збільшити любов.

Слово «таємниці» тут означає те, що було приховане до початку віків, слово про хрест (1 Послання до коринтян 1:18). Слово про хрест – це план для зрощення людства, створений Богом до початку часів Його верховною владою. Бог знав, що люди грішитимуть і стануть на шлях смерті. Тому Він підготував Ісуса Христа, Котрий став для нас Спасителем ще до початку часів. Доки не виповнився цей план, Бог тримав його у таємниці. Чому Він це зробив? Якби план спасіння був відомий, він би не здійснився через втручання ворога, сатани і диявола (1 Послання до коринтян 2:6-8). Ворог, сатана і диявол, вважав, що назавжди зможе утримувати владу, яку отримав від Адама, якщо знищить Ісуса. Але вони підбурили лихих людей стратити Ісуса. Таким чином відкрився шлях спасіння! Однак незважаючи на те, що ми знаємо таку велику таємницю, такі знання не принесуть нам жодної користі, якщо ми не маємо духовної любові.

Те саме можна сказати про знання. Тут вислів «усе знання» означає не академічне навчання. Ці слова означають знання Бога та істини, які знаходяться у 66 книжках Біблії. Відколи ми дізналися про Бога із Біблії, ми також повинні зустрітися з Ним і відчути Його з перших рук, повірити у Нього від усього серця. Інакше знання Божого Слова залишиться лише порцією знання у нашій голові. Ми можемо навіть використовувати знання несприятливо, наприклад, осуджуючи і обвинувачуючи людей. Тому знання без духовної любові не принесуть нам користі.

А якщо ми маємо таку велику віру, яка здатна пересувати гори? Велика віра не обов'язково означає, що людина має велику любов. Тоді чому сила віри і сила любові не відповідають точно одна одній? Віра може вирости, коли людина побачить ознаки і дива, а також справи Бога. Петро бачив багато ознак і див, явлених Ісусом, саме тому він міг трохи пройтись по поверхні води, коли Ісус йшов по воді. Але у той час Петро не мав духовної любові, тому що він ще не отримав Святого Духа. Також він ще не обрізав своє серце, позбувшись гріхів. Тому коли його життя було під загрозою, він тричі зрікся Ісуса.

Ми можемо зрозуміти, чому наша віра може зростати з досвідом, але духовна любов приходить у наше серце лише коли ми докладаємо зусиль, проявляємо відданість і жертвуємо чимось для того, щоби позбутися гріхів. Але це не означає, що немає прямого зв'язку між духовною вірою і любов'ю. Ми можемо намагатися позбутися гріхів і любити Бога та інших людей, тому що маємо віру. Але без справ, які насправді допомагають нам бути схожими на Господа і зрощувати істинну любов, наш труд потрапити до Божого Царства зовсім не буде пов'язаний з Богом, незважаючи на те, якими вірними ми намагатимемось бути. Буде саме так, як сказав Ісус: «І їм оголошу Я тоді: Я ніколи не знав вас...

Відійдіть від Мене, хто чинить беззаконня!» (Євангеліє від Матвія 7:23)

Любов, яка приносить небесні нагороди

Звичайно наприкінці року багато організацій і приватних осіб жертвують гроші радіомовним або газетним кампаніям для допомоги бідним. А що буде, якщо їхні імена не назвуть по радіо і не надрукують у газетах? Ймовірніше, не так багато людей і кампаній будуть продовжувати жертвувати гроші.

В Євангелії від Матвія 6:1-2 Ісус сказав: «Стережіться виставляти свою милостиню перед людьми, щоб бачили вас; а як ні, то не матимете нагороди від Отця вашого, що на небі. Отож, коли чиниш ти милостиню, не сурми перед себе, як то роблять оті лицеміри по синагогах та вулицях, щоб хвалили їх люди. Поправді кажу вам: вони мають уже нагороду свою!» Якщо ми допомагаємо іншим, щоби отримати повагу від людей, нас шануватимуть якийсь час, але ми не отримаємо жодної нагороди від Бога.

Таке дарування лише для самозадоволення або для хвастощів. Якщо людина займається добродійністю лише формально, її серце підніматиметься все вище, отримуючи постійну хвалу. Якщо Бог благословляє таку людину, вона може вважати себе порядною в очах Бога. Тоді вона не обрізатиме своє серце, що лише зашкодить їй. Якщо ви займаєтеся доброчинністю з любов'ю до своїх ближніх, вам буде байдуже, чи впізнають вас інші люди. Тому що ви віритиме у те, що Бог-Отець, Котрий бачить, що ви робите таємно, нагородить вас (Євангеліє від Матвія 6:3-4).

Доброчинні справи в Господі полягають не лише у тому, щоби надати допомогу, задовольнивши основні потреби людей у вигляді одягу, харчів і житла. Найбільше це стосується духовної їжі для спасіння душі. У наш час багато людей, віруючих і невіруючих у Господа, говорять, що церкви мають допомагати хворим, одиноким і бідним людям. Звичайно, це правильно, але основним завданням церкви є проповідь Євангелія і спасіння душ, щоби вони отримали духовний мир. Основна мета доброчинності полягає у досягненні таких цілей.

Отже, коли ми допомагаємо іншим, дуже важливо належно виконувати доброчинну роботу під керівництвом Святого Духа. Якщо якійсь людині надана неналежна допомога, та людина може навіть віддалитися від Бога. За найгіршим сценарієм це навіть може привести її до шляху смерті. Наприклад, якщо ми допомагаємо тим, хто став бідним внаслідок надмірного вживання алкоголю і азартним іграм, або тим, хто перебуває у злиднях внаслідок того, що протистояв Богу, тоді допомога лише змусить їх далі йти неправедним шляхом. Звичайно, це не означає, що ми не повинні допомагати невіруючим. Ми повинні допомагати невіруючим, віддаючи їм Божу любов. Ми ніколи не повинні забувати, що головною метою доброчинності є поширення Євангелія.

У випадку з новими віруючими, які мають слабку віру, ми обов'язково повинні зміцнити їх доки їхня віра не зросте. Інколи навіть серед тих людей, які мають віру, є деякі люди, які мають вроджені недуги або хвороби, а також ті, хто потрапив в аварію і внаслідок чого вони не можуть заробляти собі на життя самостійно. Є також одинокі літні люди або діти, які повинні вести домашнє господарство за відсутності батьків. Такі люди можуть надто потребувати доброчинності. Якщо ми допомагаємо таким бідним людям, Бог дасть процвітання нашій душі і зробить так, щоби нам добре велося в усіх наших справах.

У 10 главі Книги Дії розповідається про Корнилія, який отримав благословення. Корнилій боявся Бога і багато допомагав єврейському народові. Він був сотником полку, високопоставленим офіцером окупаційної армії, яка панувала над Ізраїлем. За таких умов йому було важко допомагати місцевим жителям. Євреї напевно були обережними і підозрілими до всіх його дій, а його співробітники могли також критично ставитися до того, що він робив. Але оскільки він боявся Бога, він не перестав чинити доброчинні справи. Бог бачив всі його справи і послав Петра в його дім, щоби не лише його рідні, але всі, хто жив з ним в одному домі, отримали Святого Духа і спасіння.

Необхідно робити не лише доброчинні справи з духовною любов'ю, але також жертвувати Богові. В Євангелії від Марка 12 ми читаємо про вдову, яку Ісус похвалив за те, що вона пожертвувала від чистого серця. Вона поклала лише дві лепті, весь свій прожиток. Тож чому Ісус похвалив її? В Євангелії від Матвія 6:21 написано: «Бо де скарб твій, – там буде й серце твоє!» Як написано, коли вдовиця віддала весь свій прожиток, це означає, що все її серце було звернене до Бога. Так вона висловила свою любов до Бога. І навпаки, пожертвування, зроблені неохоче, або з думкою про ставлення і погляди інших людей, не догоджають Богові. Отже, такі пожертвування не приносять користі особі, яка дає.

Тепер давайте поговоримо про самопожертву. Тут слова «коли я віддам своє тіло на спалення» означають «коли я повністю пожертвую собою». Зазвичай жертви приносяться внаслідок любові, але вони також можуть бути зроблені без любові. Тоді які жертви робляться без любові?

Скарги після виконання роботи Бога є прикладом жертви без любові. Це коли ви витратили всю силу, час і гроші на виконання Божих справ, але жодна людина не визнала їх і не похвалила вас. Тоді ви засмучуєтесь і нарікаєте. Це можливо, коли ви бачите своїх колег і відчуваєте, що вони не такі старанні як ви, хоча заявляють, що люблять Бога і Господа. Ви також можете сказати собі, що вони ліниві. Але це лише ваша думка і осудження. Маючи таке ставлення, ви таємно бажаєте розкрити свої заслуги іншим щоби вас хвалили і щоби хвалитися у своїй зарозумілості своєю вірою. Така жертва може зруйнувати мир між людьми і розбити серце Бога. Тож пожертвування без любові не приносить користі.

Ви можете не скаржитися зовні. Але якщо жодна людина не визнає ваших праведних справ, ви засмутитеся і подумаєте, що ви ніщо і ваша завзятість до Господа похолоднішає. Якщо хтось вкаже на ваші вади і слабкі сторони у справах, які ви виконали доклавши максимум зусиль, навіть до самопожертви, ви можете втратити серце і докорити тим, хто критикує вас. Коли хтось приносить більший плід, ніж ви, ви ревнуєте і заздрите. Тоді незалежно від того, якою вірною і палкою людиною ви були, ви не зможете отримати істинну радість. Ви можете навіть відмовитися від виконання своїх обов'язків.

Є також люди, які стараються лише тоді, коли на них дивляться. Коли ніхто на них не дивиться і коли їх не помічають, вони стають лінивими, виконують свою роботу навмання або неналежно. Замість того, щоби виконувати справи, які зовні непомітні, вони лише намагаються виконувати справи, які дуже добре видимі іншим людям. Це тому що вони мають бажання показати себе керівникові та багатьом іншим людям і щоби вони їх похвалили.

Тому якщо людина має віру, чи може вона жертвувати собою не маючи любові? Це відбувається через відсутність духовної любові. Вони не мають почуття власності, віруючи у своєму серці, що те, що Боже, те їхнє, а що їхнє, те Боже.

Наприклад, порівняйте ситуацію, коли один господар працює на своєму власному полі, а селянин працює на чужому полі за плату. Коли господар працює на власному полі, він залюбки трудиться з ранку до пізнього вечора. Він не пропускає жодних завдань і виконує всю роботу до кінця. Але коли найманий селянин працює на полі, яке належить іншій особі, він не витрачає всю свою енергію, але бажає, щоби сонце сіло якомога скоріше, щоби отримати плату і повернутися додому. Такий саме принцип стосується Божого Царства. Якщо люди не мають любові до Бога у своєму серці, вони працюватимуть для Нього лише зовнішньо, як найманці, які прагнуть лише отримати заробітну плату. Вони стогнатимуть і скаржитимуться якщо не отримають очікувану заробітну плату.

Тому у Посланні до колосян 3:23-24 написано: «І все, що тільки чините, робіть від душі, немов Господеві, а не людям! Знайте, що від Господа приймете в нагороду спадщину, бо служите ви Господеві Христові». Допомога іншим людям і жертвування собою без духовної любові не мають нічого спільного з Богом. Це означає, що ми не зможемо отримати від Бога жодних нагород (Євангеліє від Матвія 6:2).

Якщо ми бажаємо жертвувати, маючи істинне серце, ми повинні мати духовну любов у своєму серці. Якщо наше серце сповнене істинної любові, ми можемо продовжувати присвячувати своє життя Господу всім, що ми маємо, незважаючи на те, визнають нас інші люди, або ні. Саме як свічка світить, згораючи, у темряві, ми можемо віддавати все, що маємо. У Старому Заповіті, коли священики вбивали тварину для жертви Богові як жертву спокути, вони виливали кров і спалювали тук на вогні вівтаря. Наш Господь Ісус, як тварина, яку було принесено у жертву примирення за наші гріхи, пролив Свою кров і воду до останньої краплі, щоби визволити всіх людей від їхніх гріхів. Він явив нам приклад істинної жертви.

Чому Його жертва була дієвою для того, щоби багато душ мали можливість отримати спасіння? Тому що Його жертва була вчинена через бездоганну любов. Ісус завершив волю Бога аж до моменту пожертвування Своїм життям. Він помолився заступницькою молитвою за душі людей, перебуваючи на хресті, в останню мить Свого життя (Євангеліє від Луки 23:34). За таку жертву Бог підніс Його і дав найславетніше місце на небесах.

Тому у Посланні до филип'ян 2:9-10 написано: «Тому й Бог повищив Його, та дав Йому Ім'я, що вище над кожне ім'я, щоб перед Ісусовим Ім'ям вклонялося кожне коліно небесних, і земних, і підземних».

Якщо ми позбудемося жадібності і брудних бажань і принесемо себе у жертву. Маючи чисте серце, яке мав Ісус, Бог піднесе нас і дасть нам вище положення. Наш Господь в Євангелії від Матвія 5:8 обіцяє: «Блаженні чисті серцем, бо вони будуть бачити Бога». Тож ми отримаємо благословення побачити Бога віч-на-віч.

Любов перевищує суд

Пастора Ян Вон Сохн називають «Атомною бомбою любові». Він явив приклад жертовності, маючи істинну любов. Він піклувався про прокажених, докладаючи для цього багато зусиль. Його також ув'язнювали за те, що він відмовлявся поклонятися у святилищах оборонців японської нації згідно японського закону в Кореї. Незважаючи на його віддану роботу для Бога, він мав почути жахливі новини. У жовтні 1948 року під час повстання проти правлячої влади двох його синів було вбито солдатами лівої партії.

Звичайні люди поскаржилися би на Бога: «Якщо Бог живий, як Він може вчинити таке мені?» Але пастор лише подякував за те, що двоє його синів прийняли мученицьку смерть і тепер перебувають на небесах поряд з Господом. Крім того, він простив повстанця, який вбив обох його синів і навіть прийняв його як власного сина. Він подякував Богові дев'ять разів під час похорону своїх синів, і тим зворушив серця багатьох людей.

«По-перше, я дякую за те, що мої сини стали мучениками, незважаючи на те, що вони народилися від моєї крові, хоча це несправедливо.

По-друге, я дякую Богові за те, що Він дав мені моїх дорогоцінних хлопчиків, щоби вони були частиною моєї сім'ї, а також сім'ї багатьох віруючих.

По-третє, я дякую за те, що обидва мої сини були принесені у жертву, прекрасніші серед трьох моїх синів і трьох дочок.

По-четверте, важко навіть коли один син стає мучеником, але я вдячний за те, що двоє моїх синів стали мучениками.

По-п'яте, це благословення – померти з миром, маючи віру в Господа Ісуса, і я дякую за те, що вони отримали славу мучеників, коли їх убили під час проповіді Євангелія.

По-шосте, вони збиралися їхати навчатися у Сполучені Штати, а тепер вони потрапили до Небесного Царства, до кращого місця, ніж Сполучені Штати. Я спокійний за них і вдячний за це.

По-сьоме, я дякую Богові, Котрий дав мені змогу всиновити нового сина, ворога, який вбив моїх синів.

По-восьме, я дякую, бо вірю, що смерть моїх синів принесе багаті плоди небес.

По-дев'яте, я дякую Богові, Котрий дав мені можливість зрозуміти Божу любов, щоби я міг радіти навіть переживаючи таке тяжке випробування».

Щоби піклуватися про хворих, пастор Ян Вон Сохн не евакуювався навіть під час Корейської війни. Зрештою він прийняв мученицьку смерть від солдатів-комуністів. Він доглядав хворих, яких повністю покинули інші люди, і з добром ставився до свого ворога, котрий вбив його синів. Він зміг принести себе у жертву тому що був сповнений істинної любові до Бога та інших людей.

У Посланні до колосян 3:14 Бог звертається до нас: «А над усім тим зодягніться в любов, що вона союз досконалости!» Навіть якщо ми промовляємо прекрасні ангельські слова і маємо здатність пророкувати, маємо віру, здатну пересунути гору, а також жертвуємо собою заради бідних, справи – це не щось бездоганне з точки зору Бога, якщо вони не засновуються на істинній любові. Тепер давайте розглянемо кожне значення характеристики істинної любові, щоби зануритися у безкраї виміри любові Бога.

Характеристики любові

«Любов довготерпить, любов милосердствує, не заздрить, любов не величається, не надимається, не поводиться нечемно, не шукає тільки свого, не рветься до гніву, не думає лихого, не радіє з неправди, але тішиться правдою, усе зносить, вірить у все, сподівається всього, усе терпить!»

1 Послання до коринтян 13:4-7

В Євангелії від Матвія 24 ми читаємо історію про те, як Ісус із журбою дивиться на Єрусалим, знаючи, що Його час близько. Його мають повісити на хресті згідно Божому плану, але коли Він думає про нещастя, які прийдуть до юдеїв та Єрусалим, Він дуже журиться. Учні дивувалися, чому, і питали: «Яка буде ознака приходу Твого й кінця віку?» (вірш 3)

Ісус розповів їм про багато ознак і зі сльозами промовив, що любов охолоне: «І через розріст беззаконства любов багатьох охолоне» (вірш 12).

У наш час ми можемо напевно відчувати, що любов людей охолола. Багато людей шукають любов, але вони не знають, що таке справжня, а саме, духовна любов. Ми не можемо мати духовну любов лише тому, що бажаємо її мати. Ми можемо почати отримувати її, коли любов Бога входитиме у наше серце. Тоді ми зможемо почати розуміти, що це таке, і також почати позбуватися зла зі свого серця.

У Посланні до римлян 5:5 написано: «...а надія не засоромить, бо любов Божа вилилася в наші серця Святим Духом, даним нам». Як написано, ми можемо відчути Божу любов через Святого Духа, якого ми маємо у своєму серці.

Бог розповідає нам про всі характерні риси духовної любові у 1 Посланні до коринтян 13:4-7. Божі діти повинні знати їх і застосувати на практиці, щоби вони могли стати посланцями любові, які можуть дозволити людям відчути духовну любов.

 # 1. Любов довготерпить

Якщо людині, окрім всіх інших характерних рис духовної любові, бракує терпіння, вона може легко засмутити інших. Припустимо, керівник доручає підлеглому виконати певну роботу, але та людина виконує її неналежним чином. Тоді керівник швидко доручає завершити роботу іншому робітникові. Перший робітник, якому було доручено виконання роботи від початку, може засмутитися, бо йому не дали другого шансу. Бог зробив «довготерпіння» першою характерною рисою духовної любові, тому що це найважливіша риса для зрощення духовної любові. Якщо ми маємо любов, очікування не набридає.

Як тільки ми зрозуміли любов Бога, ми намагаємося поділитися любов'ю з людьми, які нас оточують. Інколи коли ми намагаємося любити інших таким чином, ми отримуємо ворожу реакцію від інших, яка може дійсно розбити наше серце, спричинити великі збитки або зашкодити нам. Тоді люди вже не будуть виглядати такими прекрасними, і ми не зможемо добре їх розуміти. Щоби мати духовну любов, нам необхідно бути терплячими і любити навіть тих людей. Навіть якщо вони паплюжать нас, ненавидять нас або намагаються безпідставно завдати нам труднощів, ми повинні управляти своїм розумом, бути терплячими і любити їх.

Одного разу член церкви попросив мене помолитися за те, щоби у дружини зникла депресія. Він також сказав, що був п'яницею, і коли напивався ставав абсолютно іншою людиною і знущався над своїми рідними. Однак його дружина була терплячою до нього кожного разу і намагалася покрити його ваду любов'ю. Але звички чоловіка не змінилися, і з часом він став алкоголіком. Дружина втратила силу життя, її охопила депресія.

Чоловік приніс сім'ї багато горя своїм пияцтвом, але прийшов, щоби отримати молитву від мене, тому що досі любив свою дружину. Почувши цю розповідь, я сказав: «Якщо ви дійсно любите свою дружину, невже вам важко кинути пити і палити?» Чоловік нічого не відповів, здавалося, у нього не було самовпевненості. Мені було шкода його сім'ю. Я помолився, щоби його дружина одужала від депресії, а також щоби чоловік отримав силу кинути палити і пити. Божа сила була дивовижною! Він зміг перестати думати про спиртні напої одразу після молитви. До того він ніяк не міг перестати пити, але він зробив це одразу після молитви. Його дружина також одужала від депресії.

Терпіння – це початок духовної любові

Для того, щоби зростити духовну любов, нам необхідно терпляче ставитися до інших у будь-якій ситуації. Чи страждаєте ви від занепокоєння у своїй наполегливості? Або, як у випадку з дружиною, ви засмутитеся, якщо ви довгий час були терплячими, але ситуація зовсім не змінилася на краще? Тоді перед тим, як звинувачувати обставини або інших людей, ми повинні спершу перевірити своє серце. Якщо ми повністю зростили істину у своєму серці, немає ситуації, в якій би ми не змогли бути терплячими. Тобто якщо ми не можемо бути терплячими, це означає, що зло досі живе у нашому серці, яке походить від неправди, і так само нам бракує терпіння.

Бути терплячим означає бути терплячим із самим собою і під час будь-яких труднощів, з якими ми стикаємося, коли намагаємося проявити справжню любов. Може бути важко, коли ми спробуємо любити всіх, покорившись Божому Слову. Це терпіння походить від духовної любові, коли ви являєте його в усіх тих ситуаціях.

Це терпіння відрізняється від терпіння зі списку дев'яти плодів Святого Духу, про які написано у Посланні до галатів 5:22-23. У чому різниця? «Довготерпіння» як один із дев'яти плодів Святого Духу спонукає нас бути терплячими в усьому заради Божого Царства і правди Його, тоді як терпіння у духовній любові означає бути терплячим заради зрощення духовної любові, а це означає, що воно має вужче і більш

Довготерпіння – один з дев'яти плодів Святого Духу	1. Позбутися всієї неправди і зрощувати своє серце за допомогою істини 2. Розуміти інших, шукати їхньої вигоди і буди у мирі з ними 3. Отримувати відповіді на молитви, спасіння і все, що обіцяв Бог

специфічне значення. Ми можемо сказати, що воно належить довготерпінню, яке є одним із дев'яти плодів Святого Духу.

У наш час люди дуже легко подають позови до суду один на одного лише за невеликі збитки, завдані їхньому майну або добробуту. У світі відкривається безліч судових справ. Багато разів люди подають позов на власну дружину або чоловіка, або навіть на своїх батьків та дітей. Якщо ви проявляєте терпіння, люди можуть навіть насміхатися над вами, говорячи, що ви – дурень. Але що говорить Ісус?

В Євангелії від Матвія 5:39 написано: «А Я вам кажу не противитись злому. І коли вдарить тебе хто у праву щоку твою, підстав йому й другу». А в Євангелії від Матвія 5:40 написано: «А хто хоче тебе позивати й забрати сорочку твою, віддай і плаща йому».

Ісус не лише говорить нам не відплачувати злом на зло, але бути терплячими. Він також говорить нам чинити добро лихим людям. Ми можемо подумати: «Як ми можемо чинити їм добро, якщо ми розгнівані і ображені?» Якщо ми маємо віру і любов, ми більше ніж в змозі зробити це. Саме віра у любов Бога, Котрий віддав Свого єдиного Сина у спокутну жертву за наші гріхи. Якщо ми віримо, що отримали таку любов, тоді ми можемо простити навіть тих людей, які заподіяли нам великі страждання і глибоко вразили нас. Якщо ми любимо Бога, Котрий полюбив нас настільки, що віддав за нас Свого єдиного Сина, і якщо ми любимо Господа, Котрий віддав за нас Своє життя, ми зможемо любити всіх і кожного.

Терпіння, яке не має меж

Деякі люди стримують свою ненависть, гнів, дратівливість та інші негативні емоції доки згодом не досягнуть межі свого терпіння і зрештою вибухнуть. Деяким людям, які зосереджені на собі, важко висловити себе, вони страждають, тримаючи все в собі, і це призводить до негативних наслідків зі здоров'ям через надмірний стрес. Така терплячість схожа на стискання руками металевої пружини. Якщо ви відпустите руки, пружина підскочить і підлетить догори.

Бог бажає, щоби ми були терплячими до кінця, не змінюючи свого ставлення. Щоби бути більш точними, якщо ми маємо таке терпіння, нам не треба терпіти щось. Ми не накопичуватимемо ненависть і обурення у своєму серці, але позбудемося первісної лихої природи, яка була причиною таких важких почуттів, а обернемо їх на любов і співчуття. Такою є суть духовного значення терпіння. Якщо ми не маємо зла у серці, а маємо лише духовну любов в усій її повноті, нам не важко буде любити навіть своїх ворогів. Насправді, ми не дозволимо розвинутися жодним неприємним почуттям.

Якщо наше серце сповнене ненависті, суперечок, заздрості і ревнощів, ми завжди спершу бачитимемо негативні сторони в інших людях, хоча насправді вони хороші. Це ніби коли ви носите сонячні окуляри, тоді все здається темнішим. З іншого боку, якщо ваше серце сповнене любові, тоді навіть люди, які чинять погано, виглядатимуть гарними. Незалежно від їхніх недоліків, вад, провин або слабкостей, ми не будемо ненавидіти їх. Навіть якщо вони ненавиділи нас і зробили нам щось погане, ми не будемо ненавидіти їх у відповідь.

Терпіння також є у серці Ісуса, Котрий «очеретини надломленої не доломить, і ґнота догасаючого не погасить». Таким було серце Степана, котрий молився навіть за тих, хто побивав його камінням: «Не залічи їм, о Господи, цього гріха!» (Книга Дії 7:60) Вони побили його лише за те, що він проповідував їм Євангеліє. Чи важко було Ісусу любити грішників? Зовсім ні! Тому що Його серце – це істина.

Одного дня Петро запитав Ісуса: «Господи – скільки разів брат мій може згрішити проти мене, а я маю прощати йому? Чи до семи раз?» (Євангеліє від Матвія 18:21) Тоді Ісус відповів: «Не кажу тобі – до семи раз, але аж до семи десяти раз по семи!» (вірш 22)

Це не означає, що ми повинні прощати лише сімдесят разів по сім, тобто 490 разів. Сім у духовному сенсі означає досконалість. Тому прощати сімдесят разів по сім означає досконале прощення. Ми можемо відчувати безмірну любов і прощення Ісуса.

Терпіння, яке досягає духовної любові

Звичайно, нелегко обернути ненависть на любов за одну ніч. Ми повинні проявляти терпіння довгий час безперестанку. У Посланні до ефесян 4:26 написано: «Гнівайтеся, та не грішіть, – сонце нехай не заходить у вашому гніві».

Тут написано «гнівайтеся», звертаючись до тих людей, які мають слабку віру. Бог говорить людям: навіть якщо вони гніваються через брак віри, вони не повинні тримати свій гнів до заходу сонця, а саме довгий час, а просто відкинути ті погані думки. Відповідно до міри віри кожної людини навіть якщо у людини виникли погані почуття або у серці оселився гнів, якщо вона спробує позбутися тих почуттів з терпінням і стійкістю, вона зможе змінити своє серце на істину, і потроху в її серці зросте духовна любов.

Що стосується гріховної природи, яка глибоко вкорінилася у серці, людина може позбутися її за допомогою щирої молитви перебуваючи у повноті Святого Духу. Дуже важливо, щоби ми намагалися дивитися на людей, які нам не подобаються, доброзичливо, являючи їм справи доброти. Таким чином ненависть у нашому серці скоро зникне і ми зможемо полюбити тих людей. Ми не матимемо конфліктів нам нікого буде ненавидіти. Ми також зможемо жити щасливо, наче на небесах, як промовив Господь: «Бо Божеє Царство всередині вас!» (Євангеліє від Луки 17:21)

Люди говорять, що відчувають себе ніби на небесах, коли вони щасливі. Так само небесне царство всередині нас означає, що ви позбулися всякої неправди і наповнили своє серце істиною, любов'ю і добром. Тоді вам не потрібно бути терплячими, тому що ви завжди щасливі, радісні і сповнені благодаті, а також тому що ви любите всіх оточуючих. Чим більше ви позбулися гріхів і досягли добра, тим менше вам треба бути терплячими. В залежності від того, наскільки ви досягли духовної любові, вам не треба бути терплячими і стримувати свої почуття. Ви зможете терпляче і спокійно чекати, поки інші люди зміняться завдяки любові.

На небесах немає сліз, горя і болю. Оскільки там зовсім немає зла, а лише добро і любов, ви не будете нікого ненавидіти, гніватися або дратуватися. Тому вам не треба буде стримувати свої емоції і управляти ними. Звичайно, нашому Богові не треба бути терплячим, тому що Він є любов. В Біблії говориться, що «любов довготерпить» тому що оскільки ми – люди, ми маємо душу, думки і власні стандарти. Бог бажає допомогти людям зрозуміти. Чим більше ви відкинули зла і досягли добра, тим менше ви потребуєте бути терплячими.

Перетворити ворога на друга за допомогою терпіння

Авраам Лінкольн, шістнадцятий президент Сполучених Штатів, та Едвін Стентон не ладили між собою, коли були адвокатами. Стентон вийшов із багатої родини і отримав гарну освіту. Батько Лінкольна був бідним швецем, тож син не закінчив навіть загальноосвітню школу. Стентон насміхався над Лінкольном, добираючи різкі слова. Але Лінкольн ніколи не сердився і ніколи не відповідав йому зі злобою.

Після того, як Лінкольна було обрано президентом, він призначив Стентона воєнним міністром. То була одна з найважливіших посад в уряді. Лінкольн знав, що Стентон – саме та особа. Пізніше, коли Лінкольна застрелили у театрі Форда, багато людей розбіглися, щоби вціліти. Але Стентон побіг прямісінько до Лінкольна. Тримаючи Лінкольна на руках ледве стримуючи сльози він промовив: «Тут лежить найпрекрасніша людина у світі. Найкращий лідер в історії людства».

Терпіння у духовній любові може зробити диво і перетворити ворогів на друзів. В Євангелії від Матвія 5:45 написано: «...щоб ва бути синами Отця вашого, що на небі, що наказує сходити сонцю Своєму над злими й над добрими, і дощ посилає на праведних і на неправедних».

Бог терплячий навіть до тих людей, які чинять зло, тому що бажає, щоби вони одного дня змінилися. Якщо ми будемо ставитися до лихих людей погано, це означає, що ми також лихі, але якщо ми терплячі і любитимемо їх, споглядаючи на Бога, Котрий нагородить нас, пізніше ми отримаємо прекрасні оселі на небесах (Псалом 37:8-9).

2. Любов милосердствує

Серед байок Езопа є одна, в якій розповідається про сонце і вітер. Одного дня сонце і вітер побилися об заклад, хто з них першим зніме пальто з перехожого. Першим почав діяти вітер, він переможно подув, вчинивши досить сильний порив вітру здатний повалити дерево. Перехожий лише більше закутався у пальто. Тоді сонце з усмішкою на обличчі лагідно надіслало свої теплі промені. Потеплішало, чоловікові стало жарко і скоро він зняв пальто.

Із цієї історії ми можемо винести гарний урок. Вітер намагався змусити чоловіка зняти пальто, а сонце зробило так, щоби чоловік зняв пальто добровільно. Так само діє добро. Воно повинно торкатися і здобувати серця інших людей не завдяки фізичному впливу, але за допомогою добра і любові.

Добро приймає будь-яку людину

Добра людина приймає будь-кого, і будь-яка людина може відпочити біля неї. У словнику подається визначення доброти: «Характерна риса або стан добра». Бути доброю людиною означає бути терплячим. Якщо уявити шматок бавовни, можна краще зрозуміти добро. Бавовна не чинить жодного шуму навіть якщо інші предмети вдаряються об неї. Вона просто обіймає всі предмети.

Також добра людина схожа на дерево, біля якого можуть

відпочити багато людей. Якщо ви станете під велике дерево у спекотний літній день, щоби заховатися від пекучих сонячних променів, вам стане краще і прохолодніше. Так само, якщо людина має добре серце, багато людей бажатимуть бути поряд з тією людиною і відпочивати.

Звичайно, коли людина добра і лагідна, коли вона не сердиться на тих, хто непокоїть її, не наполягає на власній думці, про неї кажуть, що це лагідна і щиросерда людина. Але незалежно від того, наскільки м'якою і лагідною є та людина, якщо її добро не визнає Бог, її не можна вважати насправді лагідною людиною. Існують люди, які коряться іншим лише тому що за характером вони кволі і обережні. Є також люди, які стримують свій гнів незважаючи на засмучення через те, що інші люди завдають їм прикростей. Але їх не можна вважати добрими людьми. Люди, які не мають зла, а мають лише добро у своєму серці, приймають і терплять лихих людей, маючи духовну смиренність.

Бог бажає бачити в нас духовну доброту

Духовна доброта – це результат повноти духовної любові і відсутність зла. Маючи духовну доброту, ви не чините опір нікому, але приймаєте людину незважаючи на те, що вона може бути негідником. Також ви терпите, бо ви мудра людина. Але ми повинні запам'ятати, що нас неможливо вважати добрими лише тому, що ми безумовно розуміємо і прощаємо інших і ставимося до всіх з добром. Ми також повинні мати праведність, почуття власної гідності і владу, щоби мати можливість направляти інших і впливати на них. Отже, духовно добра людина не лише лагідна, але також мудра і чесна. Така людина має зразкове життя. Якщо бути точнішими, бути духовно доброю людиною означає мати покірне серце всередині, а також доброчесну шляхетність зовні.

Навіть якщо ми маємо добре серце, у якому немає зла, а лише добро, якщо ми маємо внутрішню покірність, одна така покірність не може змусити нас обіймати інших і позитивно впливати на інших. Тому коли ми маємо не лише внутрішнє добро, а також зовнішні характеристики доброчесної великодушності, наша доброта може стати бездоганною і явити більшу силу. Якщо ми маємо великодушність разом із таким серцем, ми можемо здобути серця багатьох людей і досягти набагато більшого.

Людина може явити істинну любов до інших, якщо вона має великодушність і доброту у серці, повноту співчуття і доброчесну великодушність щоби скеровувати інших на правильний шлях. Тоді людина зможе привести багато душ до шляху спасіння, праведного шляху. Внутрішня доброта не може сяяти без зовнішньої доброчесної великодушності. Тепер давайте спочатку роздивимося, що ми повинні робити для того, щоби розвинути у собі внутрішню доброту.

Освячення – стандарт для виміру внутрішньої доброти

Щоби досягти доброти, перш за все ми повинні позбутися гріхів і освятитися. Добре серце схоже на бавовну. І навіть якщо хтось діє агресивно, воно не утворює жодних звуків а лише обіймає ту людину. Людина, яка має добре серце, не має зла і ні з ким не конфліктує. Але якщо ми гостро відчуваємо ненависть, ревнуємо і заздримо, або наше серце затверділо від самовдоволення і впертості, нам буде важко обіймати інших людей.

Якщо камінь при падінні вдариться об інший камінь або об металевий об'єкт, він вчинить шум і відскочить. Так само якщо наша тілесна особа ще жива, ми проявляємо зовні свої погані почуття, незважаючи на те, що люди лише трохи завдали нам незручностей. Коли про людей говорять, що вони мають вади характеру та інші вади, ми не можемо обійняти, захистити або зрозуміти їх, а замість того осудити, звинуватити, поширювати про них чутки і зводити на них наклепи. Тоді це означає, що вони схожі на крихітну посудину, яка наповнюється по вінця, коли ви спробуєте щось у неї покласти.

Це маленьке серце, наповнене великою кількістю непристойних речей, так що зовсім не залишилося місця для чогось іще. Наприклад, ми можемо ображатися, коли інші вказують на наші помилки. Або коли ми бачимо, як люди говорять пошепки, ми можемо подумати, що вони говорять про нас і захочемо дізнатися, про що вони говорять. Ми можемо навіть осудити інших за те, що вони якось не так на нас подивилися.

Не мати зла у серці – основна умова для зрощення

доброти. Тому що коли немає зла, ми можемо пестити інших у своєму серці і дивитися на них через доброту і любов. Добра людина завжди дивиться на інших з милістю і співчуттям. Вона не має жодного наміру осуджувати або звинувачувати інших. Вона лише намагається зрозуміти інших з любов'ю і добром, і навіть серця лихих людей розтануть під дією того добра.

Особливо важливо, щоби люди, які навчають і направляють інших людей, були освяченими. Оскільки вони мають зло у своєму серці, вони користуватимуться лише своїми тілесними думками. Так само вони не можуть правильно розглянути ситуацію у пастві, тобто не матимуть можливості скеровувати душі до зелених пасовищ і тихих вод. Ми можемо отримати управління Святим Духом і зрозуміти стан пастви правильно, щоби вести людей найкращим шляхом лише якщо ми повністю освятилися. Бог може також визнати лише тих, хто повністю освятився, щоби бути по-справжньому доброю людиною. Різні люди мають різні стандарти щодо визначення доброти. Але точка зору людини щодо доброти відрізняється від точки зору Бога.

Бог визнав доброту Мойсея

В Біблії Мойсей визнається Богом за його доброту. Ми можемо дізнатися про те, як важливо бути визнаним Богом, із 12 глави Книги Числа. Одного разу брат Мойсея Аарон і його сестра Маріям нарікали на Мойсея за те, що він взяв за жінку кушитянку.

У Книзі Числа 12:2 написано: «І сказали вони: «Чи тільки з Мойсеєм ГОСПОДЬ говорив? Чи ж не говорив Він також із нами?» І почув це ГОСПОДЬ».

Як відреагував Бог на їхні слова? Що він сказав? «Говорю я з ним вуста до уст, а не видінням і не загадками, і Образ ГОСПОДА він оглядає. І чому не боялися ви нарікать на Мойсея, Мойого раба?» (Книга Числа 12:8)

Осудливі коментарі Аарона і Маріям щодо Мойсея розлютили Бога. Внаслідок цього Маріям вкрилася проказою. Аарон був промовцем для Мойсея, а Маріям була одним із лідерів пастви. Вважаючи себе улюбленими і визнаними Богом, вони негайно осудили Мойсея, коли на їхню думку він вчинив неправильно.

Бог не прийняв осудження і нарікання Аарона і Маріям, бо вони покладалися на свої власні стандарти. Якою людиною був Мойсей? Він був визнаний Богом як найлагідніший і найскромніший чоловік по всій землі. Він також був вірним в усьому Божому домі, і тому Бог довіряв йому настільки, що міг навіть говорити з ним вуста до уст.

Якщо ми подивимося на те, як народ Ізраїльський втікав з Єгипту і йшов до ханаанського Краю, ми зрозуміємо, чому Бог так високо визнав Мойсея. Народ, який вийшов із Єгипту, неодноразово грішив, йдучи проти Божої волі. Вони нарікали на Мойсея і звинувачували його навіть за найменші труднощі. А то було те саме, що нарікати на Бога. Кожного разу, коли вони нарікали, Мойсей просив для них Божої милості.

Був випадок, який драматично показав доброту Мойсея.

Поки Мойсей перебував на горі Синай і отримував там заповіді, народ зробив ідола, золотого тельця, вони їли, пили і віддавалися втіхам, займались розпутством, поклоняючись йому. Єгиптяни поклонялися богові, який у них мав вигляд бика або корови. І народ Ізраїлю скопіював тих богів. Бог показував їм, що був поряд з ними так багато разів, але люди не змінилися. Зрештою гнів Божий спав на них. Але у той момент Мойсей заступився за народ, заставивши своє життя: «А тепер, коли б ти пробачив їм їхній гріх! А як ні, – витри мене з книги Своєї, яку Ти написав» (Вихід 32:32).

«Книга, яку Ти написав» означає книгу життя, в якій записані імена людей, які отримали спасіння. Якщо ваше ім'я витерти з книги життя, ви не отримаєте спасіння. Це не лише означає, що ви не отримаєте спасіння, але також що ви вічно страждатимете у пеклі. Мойсей добре знав про життя після смерті, але він хотів спасти свій народ навіть якщо йому знадобиться поступитися заради того своїм спасінням. Таке серце Мойсея було дуже схоже на серце Бога, Котрий не хоче, щоби хто загинув.

Мойсей зрощував доброту у випробуваннях

Звичайно, Мойсей не мав такої доброти від початку. Хоча він був євреєм, він виховувався як син єгипетської принцеси, якому нічого не бракувало. Він отримав найкращу єгипетську освіту, а також навчався бойовій майстерності. Він був гордий і самовдоволений. Одного дня Мойсей побачив, як єгиптянин б'є єврея, і через своє самовдоволення він вбив єгиптянина.

Через це він змушений був ніччю втекти. На щастя він став пастухом у пустелі за допомогою мідіянського жерця, але втратив все, що мав. Єгиптяни вважали негідним піклуватися про отару. Протягом сорока років Мойсей мав виконувати роботу, яку він зневажав. Згодом він повністю принизив себе, зрозумівши багато про любов Бога і життя.

Бог покликав бути вождем Ізраїльського народу не того Мойсея, котрий був принцом Єгипту. Він покликав Мойсея – пастуха, котрий став покірним і лагідним. Він повністю принизив себе і позбувся зла за допомогою випробувань, і тому він міг вивести більше 600 000 людей із Єгипту і повести їх у ханаанський Край.

Тому зрощення доброти має важливе значення, бо ми повинні зрощувати добро і любов, принижуючи себе перед Богом у випробуваннях, які нам дозволено пройти. Міра нашої покори впливає також на нашу доброту. Якщо ми задоволені нашим теперішнім становищем, вважаючи, що ми зростили істину до якоїсь міри, і що нас визнають інші люди, як у випадку з Аароном і Маріям, ми станемо лише більше гордовитими.

Доброчесна великодушність вдосконалює духовну доброту

Щоби зростити духовну доброту, ми повинні не лише освятитися, позбувшись будь-якого зла, але також зрощувати доброчесну великодушність. Доброчесна великодушність потрібна для того, щоби у великій мірі розуміти і справедливо ставитися до інших людей; чинити правду відповідно до обов'язків людини; мати характер, щоби дозволяти іншим людям підкоряти свої серця, розуміючи їхні недоліки і приймати їх, але не застосовуючи фізичну силу. Такі люди мають любов, яка надихає впевненість і довіру в інших людей.

Доброчесна великодушність схожа на одяг, який носять люди. Незалежно від того, якими гарними ми здаємося всередині, якщо ми будемо голі, нас зневажатимуть. Так само, незважаючи на свою доброту, ми не зможемо дійсно показати її величину, якщо не матимемо доброчесної великодушності. Наприклад, якщо людина добра всередині, але говорить багато зайвого у розмові з іншими людьми. Така людина не має лихих намірів, але насправді не може заробити довіру інших людей, тому що насправді не виглядає вихованою або освіченою. Деякі люди не мають важких почуттів, тому що мають доброту і не завдають нікому шкоди. Але якщо вони активно не допомагають іншим або ніжно не піклуються про інших, їм важко здобути серця багатьох людей.

Квіти, які не відрізняються яскравими кольорами або не мають приємного запаху, не можуть привернути до себе бджіл та метеликів, навіть маючи достатню кількість квіткового соку. Так само, незважаючи на нашу доброту, а також на те, що ми можемо підставити іншу щоку, коли нас вдарять по одній, наша доброта насправді не буде сяяти, якщо ми не матимемо доброчесної великодушності у словах і вчинках. Справжня доброта досягається і може показати справжню цінність лише коли внутрішня доброта буде одягнена у доброчесну великодушність.

Йосип мав таку доброчесну великодушність. Він був одинадцятим сином Якова, батька народу Ізраїлевого. Його ненавиділи брати і продали в єгипетське рабство, коли той був юнаком. Але за допомогою Бога він став головним міністром Єгипту у тридцятирічному віці. Єгипет у той час був сильною державою, розташованій на річці Ніл. То була одна із чотирьох найважливіших «колисок цивілізації». Правителі і народ були надто гордими. Іноземцю було надто важко стати головним міністром у такій країні. Якби Йосип хоча б у чомусь помилився, він би у ту ж мить склав із себе обов'язки міністра.

Однак навіть за таких обставин Йосип дуже добре і мудро управляв Єгиптом. Він був добрим і покірним, він не мав жодної вади у словах і вчинках. Він також мав мудрість і гідність як правитель. Він мав владу, більшу за яку мав тільки цар, але не намагався панувати над людьми або хизуватися. Він був вимогливим до себе, але надто великодушним і лагідним до інших. Тому цар та інші міністри не мали жодних застережень щодо Йосипа, не заздрили йому; вони повністю йому довіряли. Ми можемо зробити такий висновок, взявши до уваги той факт, як тепло єгиптяни вітали сім'ю Йосипа, яка переїхала із ханаанського Краю до Єгипту, рятуючись від голоду.

Доброта Йосипа супроводжувалася доброчесною великодушністю

Якщо людина має доброчесну великодушність, це означає,

що вона має широке серце і не буде осуджувати інших, покладаючись на власні стандарти, незважаючи на свою правоту у словах і справах. Така характеристика Йосипа повністю проявилася коли його браття, які продали його до єгипетського рабства, прийшли в Єгипет, щоби дістати їжі.

Спочатку брати не впізнали Йосипа. Це досить зрозуміло, бо вони не бачили його більше двадцяти років. Крім того, вони навіть не могли собі уявити, що Йосип міг стати головним міністром Єгипту. Що ж відчував Йосип, коли побачив своїх братів, які майже вбили його і згодом продали до єгипетського рабства? Він мав владу, щоби змусити їх заплатити за свій гріх. Але Йосип не хотів мститися. Він приховав, що він їхній брат і перевірив їх два рази, щоби побачити, чи залишилися вони такими ж, якими були у минулому.

Йосип насправді давав їм шанс самостійно покаятися у своїх гріхах перед Богом, тому що гріх запланованого вбивства і продажу власного брата у рабство в іншу країну – це не малий гріх. Він не просто простив або покарав їх, але скерував ситуацію так, щоби його брати змогли покаятися у своїх гріхах за власним бажанням. Зрештою лише коли брати згадали свій гріх і розкаялися, Йосип відкрив їм правду про себе.

Тоді брати злякалися. Їхнє життя було у руках їхнього брата Йосипа, котрий тепер обіймав посаду головного міністра Єгипту, наймогутнішої держави на землі на той час. Але Йосип не хотів запитувати їх, чому вони зробили те що зробили. Він не загрожував їм, говорячи: «Тепер ви заплатите за свої гріхи». Але навпаки, він намагався заспокоїти їх: «А тепер не сумуйте, і нехай не буде жалю в ваших очах, що ви продали мене сюди, бо то Бог послав мене перед вами для виживлення» (Книга Буття 45:5).

Він визнав той факт, що все було заплановано Богом. Йосип не лише простив своїм братам від щирого серця, але також заспокоював їх зворушливими словами, повністю розуміючи їх. Це означає, що Йосип зробив таке, що могло зворушити навіть ворогів, тобто він мав доброчесну великодушність. Доброта Йосипа разом із доброчесною великодушністю була джерелом сили для спасіння багатьох людей в Єгипті та за його межами, а також основою для виконання дивовижного плану Бога. Як вже говорилося, доброчесна великодушність – це зовнішній прояв внутрішньої доброти, може завоювати серця багатьох людей і явити величезну силу.

Щоби мати доброчесну великодушність, необхідно освятитися

Так само як внутрішню доброту можна досягти через освячення, доброчесну великодушність також можна зростити, позбувшись зла і освятившись. Звичайно, навіть якщо людина не освятилася, вона здатна на доброчесні і великодушні вчинки внаслідок освіти або народившись з великим серцем. Але справжня доброчесна великодушність може походити із серця, вільного від зла, яке тримається лише істини. Якщо ми бажаємо зрощувати абсолютну доброчесну великодушність, недостатньо лише витягти основні корені зла зі свого серця. Ми повинні позбутися навіть слідів зла (1 Послання до солунян 5:22).

В Євангелії від Матвія 5:48 написано: «Отож, будьте досконалі, як досконалий Отець ваш Небесний!» Якщо ми позбудемося будь-якого зла із нашого серця і також станемо бездоганними у словах, вчинках і поведінці, ми можемо зростити добро, так що багато людей зможуть відпочити в нас. Тому ми не повинні бути задоволеними, досягши такого рівня, коли ми позбулися ненависті, зла, ревності, заздрощів, гордовитості і гарячності. Ми повинні також позбутися навіть невеликих тілесних вчинків і явити справи істини через Боже Слово і палкі молитви, а також отримавши керівництво Святого Духа.

Що таке погані тілесні вчинки? У Посланні до римлян 8:13 написано: «Бо коли живете за тілом, то маєте вмерти, а коли духом умертвляєте тілесні вчинки, то будете жити».

Тут тіло означає не просто наше фізичне тіло. Тіло духовно означає тіло людини після того, як з нього витекла істина. Тому тілесні вчинки означають вчинки, які походять із неправди, яка наповнила людство, що перетворилося на тіло. Тілесні вчинки включають у себе не лише очевидні гріхи, але також всі недосконалі дії або вчинки.

У минулому я мав незвичайний досвід. Коли я торкався будь-якого предмета, я ніби відчував електричний удар і кожного разу смикався. Я боявся торкатися будь-чого. Звичайно, коли я відтак торкався чогось, я подумки молився, звертаючись до Господа. Я такого не відчував такого, коли торкався предметів обережно. Відкриваючи двері, я лагідно торкався дверної ручки. Я мав бути дуже обережним навіть коли тиснув руки іншим членам церкви. Таке явище продовжувалося протягом декількох місяців. Я став поводитись обережно і лагідно. Пізніше я зрозумів, що Бог через такий досвід вдосконалював мої тілесні вчинки.

Це можна вважати банальним, але те, як людина поводить себе, має важливе значення. Деякі люди звичайно мають фізичний контакт зі своїми співрозмовниками, коли сміються або розмовляють. Деякі люди говорять надто голосно не зважаючи на час і місце, завдаючи незручностей іншим людям. Така поведінка – це не надто велика вада, але недосконалі тілесні вчинки. Люди, які мають доброчесну великодушність, поводяться чесно у повсякденному житті, і багато людей бажають знайти в них спокій.

Змінити характер серця

Також ми повинні зрощувати характер свого серця, щоби мати доброчесну великодушність. Характерні риси серця говорять про розмір серця. Відповідно до характеру серця кожної людини, деякі люди роблять більше, ніж від них очікують, тоді як інші виконують лише те, що було зазначено, або навіть менше. Людина, яка має доброчесну великодушність, має великий і широкий характер серця, тому вона піклується не лише про себе, але також про інших людей.

У Посланні до филип'ян 2:4 написано: «Нехай кожен дбає не про своє, але кожен і про інших». Така характеристика серця може стати відмінною в залежності від того, наскільки широко ми розкриваємо своє серце в усіх обставинах, тоді ми можемо змінити його, постійно докладаючи зусиль. Якщо ми нетерпляче намагатимемось задовольнити лише особисті інтереси, ми повинні молитися і змінювати наш вузький розум на широкий, щоби зважати на вигоду для інших людей і їхні обставини.

До того, як Йосипа продали в єгипетське рабство, його виховували наше квіточку. Він не міг вирішувати всі питання у своєму домі, оцінювати ситуацію і почуття своїх братів, котрих не любив батько. Однак завдяки різноманітним випробуванням він отримав таке серце, яке здатне було спостерігати і управляти всім, що його оточувало, і він навчився зважати на серця інших людей.

Бог розширив серце Йосипа у підготовці до часу, коли Йосип стане головним міністром Єгипту. Якщо ми досягнемо такої характеристики серця, а також якщо наше серце стане добрим і бездоганним, ми також зможемо управляти більшою організацією і піклуватися про людей.

Благословення для добрих

Які благословення будуть дані тим людям, які досягли бездоганної доброти, позбувшись зла і зростивши зовнішню доброчесну великодушність? Як написано в Євангелії від Матвія 5:5: «Блаженні лагідні, бо землю вспадкують вони». А у Книзі Псалмів 37:11 написано наступне: «А покірні вспадкують землю, – і зарозкошують миром великим!» Вони можуть успадкувати землю. Тут земля означає оселю у

Небесному Царстві, а успадкувати землю означає «мати велику силу на небесах у майбутньому».

Чому вони матимуть велику владу на небесах? Добра людина, маючи серце нашого Бога-Отця, зміцнює інші душі і зворушує серця людей. Чим лагідніше стає людина, тим більше душ може відпочити у ній, і така людина може скерувати людей на шлях спасіння. Якщо ми можемо стати прекрасною людиною, у якій інші люди можуть знайти відпочинок, це означає, що ми надто послужили іншим людям. Небесну владу отримають люди, які служать. В Євангелії від Матвія 23:11 написано: «Хто між вами найбільший, хай слугою вам буде!»

Таким чином, лагідна людина зможе мати велику силу і вспадкує широку землю у якості оселі, коли потрапить на небеса. Навіть на цій землі люди, які мають велику владу, багатство, славу і силу, мають багато прихильників. Але якщо вони втратять все, що мали, вони втратять більшість своєї влади, і багато їхніх прихильників залишать їх. Духовна влада, яку мають добрі люди, відрізняється від тієї, яка існує у цьому світі. Вона не зникає і не змінюється. На цій землі, якщо душа людини процвітає, вона успішна в усьому. Також на небесах таку людину вічно любитиме Бог, і поважатимуть численні душі.

3. Любов не заздрить

Деякі сумлінні студенти впорядковують і збирають свої записи щодо запитань, на які вони не змогли відповісти протягом контрольної роботи. Вони досліджують причину, чому вони не змогли правильно відповісти на запитання і намагаються засвоїти матеріал перед тим, як почати вивчення нового. Вони говорять, що такий спосіб надто ефективний для опанування важкого предмету за короткий період часу. Такий самий спосіб можна також застосувати під час зрощення духовної любові. Якщо ми детально дослідимо свої вчинки, слова і поступово позбудемося всіх своїх недоліків, ми зможемо досягти духовної любові за коротший час. Давайте розглянемо наступну характеристику духовної любові – «Любов не заздрить».

Заздрість виникає тоді, коли зростає надмірне відчуття заздрісної гіркоти, а також коли з людиною вчиняють погано. Якщо ми ревниві і заздрісні, ми матимемо недобрі почуття, коли бачитимемо, що інших хвалять або прихильно ставляться до них. Якщо ми зустрінемо освіченішу, багатшу і компетентнішу людину, ніж ми самі, або якщо хтось із наших співробітників стане успішнішим і його хвалитимуть інші люди, ми можемо почати заздрити. Інколи ми можемо ненавидіти ту людини, бажаючи обдурити її або зневажити.

Ми також можемо засмутитися, подумавши: «Його так поважають, а хто я? Я – ніхто!» Інакше кажучи, ми засмучуємося, тому що порівнюємо себе з іншими людьми.

Коли ми засмучуємося, дехто з нас може подумати, що це не заздрість. Але любов радіє з правди. Інакше кажучи, якщо ми маємо істинну любов, ми радіємо з успіхів іншої людини. Якщо ми засмучені і докоряємо самих себе, або не радіємо з істини, це тому, що наше «его», наше «я» ще досить сильне. Оскільки наше «я» живе, наша гордість відчуває образу, коли ми вважаємо себе гіршими за інших.

Коли заздрісні думки переповнюють нас і згодом перевтілюються у недобрі слова і вчинки, це заздрість, про яку говориться у главі любові. Якщо заздрість збільшилася, людина може заподіяти шкоду або навіть вбити інших людей. Заздрість – це зовнішній прояв злого розбещеного серця, і тому заздрісним людям важко отримати спасіння (Послання до галатів 5:19-21). Тому що заздрість – це очевидна справа тіла, гріх, котрий робиться явно. Заздрість можна розподілити на кілька категорій.

Ревнощі у романтичних стосунках

Ревнощі спонукають до дії, коли людина, яка перебуває у стосунках, бажає отримати більше любові і прихильного ставлення від партнера/партнерки, ніж має тепер. Наприклад, дві дружини Якова, Лія і Рахіль, ревнували одна до одної, бажаючи, щоби Яків прихильніше ставився саме до неї. Лія і Рахіль були сестрами, доньками Лавана, дядька Якова. Яків одружився на Лії в результаті обману зі сторони його дядька Лавана, незважаючи на його особисте бажання.

Насправді Яків кохав молодшу сестру Лії, Рахіль, і отримав її як дружину після 14 років служіння своєму дядькові. Від самого початку Яків кохав Рахіль більше, ніж Лію. Але Лія народила чотирьох дітей, тоді як Рахіль не могла народити.

У ті часи для жінки було соромно не мати дітей, тому Рахіль постійно заздрила своїй сестрі Лії. Вона настільки була засліплена своєю заздрістю, що завдавала труднощів також своєму чоловікові Якову, промовляючи: «Дай мені синів! А коли ні, то я вмираю!» (Книга Буття 30:1)

І Рахіль, і Лія віддали Якову своїх служниць у коханки, щоби виключно володіти його любов'ю. Якби у їхніх серцях насправді було трохи істинної любові, вони б раділи, коли інша мала більшу прихильність від їхнього чоловіка. Ревнощі зробили всіх: Лію, Рахіль і Якова, нещасними. Крім того, це також вплинуло на їхніх дітей.

Ревнощі проявляються, коли інші люди щасливіші

Аспект ревнощів для кожної людини відрізняється відповідно до цінностей життя. Але звичайно почуття заздрості виникає в нас тоді, коли інші люди багатші, обізнаніші, компетентніші, ніж ми, або якщо їх більше люблять і ставляться прихильніше. Не важко згадати ситуацію, коли заздрість народжується у школі, на роботі, вдома, коли заздрість походить від відчуття, що хтось кращий від нас. Коли сучасник робить успіхи і щасливіший за нас, ми можемо ненавидіти його і лихословити. Ми можемо подумати, що нам треба зневажати інших, щоби бути успішнішими і мати більше переваг.

Наприклад, деякі люди викривають вади і провини інших людей на роботі і змушують їх підпадати під несправедливі підозри і ретельну перевірку зі сторони старших, тому що бажають отримати підвищення в кампанії. Молодші студенти також не є винятком. Деякі студенти надокучають іншим студентам, які відзначилися у навчанні, або чіпляються до тих, до яких прихильніше ставляться вчителі. Вдома діти зводять наклепи і сваряться зі своїми братами і сестрами, щоби отримати більше визнання і прихильність від своїх батьків. Інші роблять так тому, що бажають успадкувати більше майна від своїх батьків.

Така була історія з Каїном, першим убивцею в історії людства. Бог прийняв лише підношення Авеля. Каїн відчув, ніби їм знехтували, і через заздрість, яка спалювала його із середини, він зрештою вбив свого рідного брата Авеля. Напевно, він чув неодноразово про жертву крові тварин від своїх батьків, Адама і Єви, і повинен був добре знати про те. «І майже все за Законом кров'ю очищується, а без пролиття крови не має відпущення» (Послання до євреїв 9:22).

Проте він приніс у жертву плоди землі, яку він обробляв. І навпаки, Авель приніс у жертву первістка із овець, маючи серце, яке узгоджувалося з волею Бога. Дехто може сказати, що то було неважко для Авеля принести у жертву ягня, бо він був пастухом. Але справа була не в тому. Він знав волю Бога від своїх батьків і бажав виконувати Його волю. Тому Бог прийняв лише жертву Авеля. Каїн позаздрив своєму братові, не кажучи вже про те, що він не жалкував про свою провину. І відколи запалилася заздрість, її вже неможливо було загасити. Зрештою Каїн вбив Авеля. Скільки ж болю відчули тоді Адам і Єва!

Заздрість між братами за вірою

Деякі віруючі заздрять іншим братам або сестрам за вірою, які вищі за рангом, положенням, вірою або вірністю Богові. Таке часто трапляється, коли інші люди одного віку з ними, мають однакове положення, а також такий саме час були віруючими, або коли вони добре знають ту людину.

Як написано в Євангелії від Матвія 19:30: «І багато-хто з перших останніми стануть, а останні першими», інколи люди, котрі перебувають у вірі менше за нас, молодші за нас і мають титул у церкві, можуть стати перед нами. Тоді ми можемо відчути сильну заздрість до них. Така заздрість існує не лише серед віруючих однієї церкви. Вона також буває серед пасторів і членів церкви, серед церков, або навіть між різними християнським організаціями. Коли людина прославляє Бога, всі повинні радіти разом, але люди зводять наклеп на інших, звинувачуючи їх у єресі, намагаючись зневажити ім'я тих людей або організацій. Як би почували себе батьки, якби їхні діти сварилися і ненавиділи одне одного? Навіть якщо діти дають їм гарну їжу і гарні речі, вони би не були щасливими. І якщо віруючі, котрі є дітьми Бога, сперечаються і сваряться між собою, або якщо між церквами існує заздрість, це лише змушує нашого Господа дуже сумувати.

Саул заздрив Давидові

Саул був першим Ізраїльським царем. Він даремно витрачав своє життя, заздрячи Давидові. Для Саула Давид був наче лицар у блискучих латах, котрий врятував його країну. Коли бойовий дух солдат сягнув дна через залякування филистимського Голіята, Давид за допомогою рогачки вбив филистимського непереможного велетня. Лише один такий вчинок приніс перемогу Ізраїльському народові. Відтоді Давид виконував численні обов'язки гідні нагороди, пов'язані з захистом країни від нападів филистимлян. Проблема між Саулом і Давидом виникла у той момент, коли Саул почув із натовпу дещо, що порушувало громадський порядок: привітання Давида, котрий повертався з перемогою з поля бою. Народ викрикував: «Саул повбивав свої тисячі, а Давид десятки тисяч свої!» (1 Книга Самуїлова 18:7)

Саул відчув себе дуже незатишно і подумав: «Як вони можуть порівнювати мене з Давидом? Він лише пастух!»

Гнів царя посилювався, коли він продовжував думати про ті слова. Він вважав, що люди були неправі, коли прославляли Давида, і відтоді вчинки Давида стали викликати у нього підозри. Саул, напевно, думав, що Давид чинив так, щоби завоювати серця людей. Тепер стріла гніву Саула була направлена на Давида. Він подумав: «Якщо Давид вже отримав серце людей, повстання – це лише справа часу!»

Оскільки думки царя стали надто перебільшеними, Саул шукав можливості вбити Давида. Колись Саул страждав від злих духів, а Давид грав для нього на арфі. Саул скористався нагодою і кинув у нього списом. На щастя Давид вивернувся і втік. Але Саул не залишив своїх намагань вбити Давида. Він разом із армією постійно переслідував Давида.

Незважаючи на все це Давид не мав бажання зашкодити Саулові, тому що цар був помазаний Богом, і цар Саул знав про це. Але полум'я заздрості Саула, яка палала у нього, не остигла. Саул постійно страждав від неспокійних думок, які виникали через заздрість. Доки він не загинув у бою з филистимлянами, Саул не мав спокою через заздрість до Давида.

Люди, які заздрили Мойсею

У Книзі Числа 16 ми читаємо про Корея, Датана і Овірона із коліна Рувима. Вони повстали проти Мойсея і його брата і помічника Аарона. Вони обурилися від того, що Мойсей був єгипетським принцом, а тепер управляв ними, хоча був втікачем і пастухом в країні Мідіян. З іншого боку, вони самі бажали стати вождями. Тому вони встановлювали зв'язок з людьми, щоби вони належали їхній групі.

Корей, Датан і Овірон зібрали 250 чоловік послідовників і думали, що отримають владу. Вони пішли до Мойсея і Аарона і сперечалися з ними: «Досить вам, бо вся громада усі вони святі, а серед них ГОСПОДЬ! І чому ви несетеся понад зборами ГОСПОДНІМИ?» (Книга Числа 16:3)

Незважаючи на те, що вони не були стриманими із Мойсеєм, він нічого не відповів їм. Він просто схилив коліна перед Богом у молитві і спробував вказати їм на їхню ваду, а також просив Бога справедливості. У той час Божий гнів пробудився проти Корея, Овірона, Датана і тих, хто був разом з ними. Земля відкрила уста свої, і Корей, Датан і Овірон разом із жінками, синами і малими дітьми зійшли живі до шеолу. І вийшов вогонь від ГОСПОДА та й поїв тих двісті п'ятдесят чоловік, які приносили кадило.

Мойсей не зробив шкоди людям (Книга Числа 16:15). Він просто робив все можливе, щоби вести народ. Він доводив, що Бог був з ними час від часу через ознаки і дива. Він явив їм десять кар в Єгипті, він дозволив їм перейти Червоне море по суші, розділивши його навпіл, він дав їм воду зі скелі, дав можливість їсти манну і перепелів у пустелі. Навіть після того вони лихословили Мойсея і повставали проти нього, говорячи, що він підноситься.

Бог також дозволив людям побачити, який був великий гріх заздрити Мойсею. Осуджувати і звинувачувати людину, поставлену Богом, – це те саме, що осуджувати і звинувачувати Самого Бога. Тому ми не повинні необережно критикувати церкви або організації, які діють в ім'я Господа, говорячи, що вони неправі або єретичні. Оскільки всі ми – брати і сестри в Бозі, заздрість серед нас – це великий гріх перед Богом.

Заздрість до безглуздих речей

Чи можемо ми отримати те, що бажаємо, відчуваючи заздрість? Аж ніяк! Ми можемо ставити людей у важкі ситуації, і може здатися, що ми бажаємо стати попереду їх, але насправді ми не можемо отримати всього, що бажаємо. У Посланні Якова 4:2 написано: «Бажаєте ви та й не маєте, убиваєте й заздрите та досягнути не можете, сваритеся та воюєте та не маєте, бо не прохаєте».

Замість того, щоби заздрити, зважте на слова, записані у Книзі Йова 4:8: «Як я бачив таких, що орали були беззаконня, та сіяли кривду, то й жали її». Зло, яке ви чините, повернеться до вас наче бумеранг.

У відплату за зло, яке ви сієте, вас можуть спіткати нещастя вдома із сім'єю або на роботі. Як написано у Книзі Приповістей 14:30: «Лагідне серце життя то для тіла, а заздрість гнилизна костей», заздрість впливає на саму людину, завдаючи їй шкоди, а отже є абсолютно безглуздою. Тому якщо ви бажаєте бути попереду інших людей, ви повинні попросити Бога, Котрий управляє всім, замість того, щоби витрачати свою енергію на думки і вчинки, пронизані заздрістю.

Звичайно, ви не можете отримати все, чого бажаєте. У Посланні Якова 4:3 написано: «Прохаєте та не одержуєте, бо прохаєте на зле, щоб ужити на розкоші свої». Якщо ви просите щось для власного задоволення, ви не зможете отримати того, бо на те не буде Божої волі. Але у більшості випадків люди просто просять, керуючись власною пристрастю. Вони просять для багатства, слави і сили для власної вигоди і через власну гордість. Це засмучує мене під час мого служіння. Дійсне та істинне благословення – це не багатство, не слава або сила, але процвітання душі.

Незалежно від того, скільки ви маєте і чим насолоджуєтесь, яка від того користь, якщо ви не отримаєте спасіння? Ми повинні пам'ятати, що все на цій землі зникне, наче пара. У 1 Посланні Івана 2:17 написано: «Минається і світ, і його пожадливість, а хто Божу волю виконує, той повік пробуває!» А також у Книзі Екклезіястовій 12:8 написано: «Наймарніша марнота, сказав Проповідник, марнота усе!...»

Сподіваюся, ви не будете заздрити своїм братам і сестрам, чіпляючись до безглуздих речей цього світу, але матимете праведне серце в очах Бога. Тоді Бог відповість на бажання вашого серця і дасть вам вічне Небесне Царство.

Заздрість і духовне бажання

Люди вірять в Бога, однак починають заздрити, бо мають мало віри і любові. Якщо вам бракує любові до Бога і ви маєте мало віри у Небесне Царство, ви починаєте заздрити, щоби отримати багатство, славу і силу цього світу. Якщо ви повністю впевнені у правах дітей Божих і небесному громадянстві, брати і сестри у Христі будуть для вас дорогоціннішими за вашу земну сім'ю. Це тому що ви вірите, що житимете з ними вічно на небесах.

Навіть невіруючі, які не прийняли Ісуса Христа, дорогоцінні. Їх ми повинні вести до Небесного Царства. Маючи таку віру, зрощуючи у собі істинну любов, ми любитимемо своїх ближніх як самих себе. Тоді коли інші люди забезпечені, ми будемо щасливими, ніби забезпечені ми самі. Люди, які мають істинну віру, не шукатимуть безглуздя світу цього, але намагатимуться бути старанними у справах Господа, щоби здобути Небесне Царство. Тобто, вони матимуть духовні бажання.

Від днів же Івана Христителя й досі Царство Небесне здобувається силою, і ті, хто вживає зусилля, хапають його (Євангеліє від Матвія 11:12).

Духовне бажання напевно відрізняється від заздрості. Важливо мати бажання бути сповненим ентузіазму і вірним у роботі Господа. Але неприйнятно, щоби та пристрасть перетнула межу і відійшла від істини, або змусила інших спіткнутися. Бувши завзятими у своїй роботі для Господа, ми повинні зважати на потреби людей, які оточують нас, шукати їхньої вигоди і миру з усіма.

4. Любов не величається

Є люди, які завжди хваляться собою. Їх не турбує, як при цьому почуватимуться інші люди. Вони лише бажають виставити себе напоказ, намагаючись заслужити визнання інших людей. Коли Йосип був юнаком, він хвалився своїми сном. Це призвело до того, що брати почали ненавидіти його. Оскільки батько по-особливому любив його, він насправді не розумів серця своїх братів. Пізніше його продали у рабство до Єгипту, він зазнав багато випробувань, щоби зрештою зростити духовну любов. Перед тим, як зростити духовну любов, люди можуть порушувати мир, хизуючись і підносячи себе. Тому Бог говорить: «Любов не величається».

Простіше кажучи, величатися – це відкриватися і показувати себе у вигідному світлі. Люди завжди бажають отримувати визнання, коли роблять або мають щось краще, ніж інші. Якими будуть наслідки такого вихваляння?

Наприклад, деякі батьки пишномовно і хвастливо розповідають про свою дитину, яка гарно навчається. Тоді інші люди можуть радіти разом із батьками, але гордість більшості людей буде ображена, і вони погано почуватимуться. Вони можуть посварити свою дитину без причини. Незалежно від того, наскільки добре вчиться ваша дитина, якщо ви маєте трохи доброти, щоби зважати на почуття інших людей, ви не будете хвалитися своєю дитиною таким чином. Ви бажатимете, щоби дитина ваших сусідів також навчалася добре, і якщо це так, ви з радістю похвалите іі.

Хвастливі люди також мають тенденцію не визнавати і не хвалити людей, які гарно виконали роботу. Так чи інакше, вони мають схильність принижувати інших, тому що вважають, що, визнаючи інших людей, самі залишаються у тіні. Це лише один приклад того, як хвастощі стають причиною неприємностей. Так серце, яке величається, знаходиться далеко від істинної любові. Ви можете подумати, що якщо ви хвалитиметесь, ви отримаєте визнання, але таким чином вам важко отримати щиру повагу і любов. Замість того, щоби зібрати навколо себе людей, які заздрять вам, це призведе до образ і ревнощів. «А тепер ви хвалитеся в своїх гордощах, лиха всяка подібна хвальба!» (Послання Якова 4:16).

Пиха життєва походить від любові до цього світу

Чому люди хваляться? Тому що вони мають у собі пиху життєву. Пиха життєва означає «натуру, яка хизується, користуючись задоволеннями цього світу». Це походить від любові до цього світу. Люди звичайно хваляться тим, що вважають важливим. Люди, які люблять гроші, хвалитимуться грошима, які мають, а ті, хто вважає важливим зовнішність, хвалитимуться нею. А саме, вони ставлять гроші, зовнішність, славу або владу у суспільстві понад Бога.

Один з членів нашої церкви мав успішний бізнес з продажу комп'ютерів торгівельним багатопрофільним кампаніям в Кореї. Він хотів розширити свій бізнес. Чоловік взяв різноманітні кредити і вклав в Інтернет кафе, що працює за франшизою, та Інтернет трансляції. Він заснував компанію зі стартовим капіталом у два мільярди вон, що приблизно становить два мільйони доларів США.

Але товарообіг був повільний, збитки збільшувалися і зрештою компанія збанкрутіла. Будинок керівника компанії було виставлено на аукціон, а позичальники переслідували його. Він був змушений жити у маленьких будинках на перших поверхах або під дахом. Тепер чоловік почав згадувати, яким він був у минулому. Він зрозумів, що хвалився своїми успіхами і був пожадливим до грошей. Він зрозумів, що знущався над людьми, які його оточували, тому що розширював свій бізнес поза власних можливостей.

Коли чоловік щиро покаявся перед Богом всім своїм серцем і позбувся пожадливості, він був щасливий навіть коли отримав роботу очисника стічних ліній і септичних резервуарів. Бог зважив на його ситуацію і показав шлях для початку нового бізнесу. Тепер, коли він весь час прямує правильним шляхом, його бізнес процвітає.

У 1 Посланні Івана 2:15-16 написано: «Не любіть світу, ані того, що в світі. Коли любить хто світ, у тім немає любови Отцівської, бо все, що в світі: пожадливість тілесна, і пожадливість очам, і пиха життєва, це не від Отця, а від світу».

Єзекія, тринадцятий цар Південної Юдеї, був праведний в очах Бога і також виконував обряд очищення Храму. Він переміг вторгнення ассирійців завдяки молитві. Захворівши, він молився зі сльозами і отримав ще 15 років життя. Але пиха життєва ще залишалася в ньому. Коли цар одужав від своєї хвороби, Вавилон прислав до нього своїх дипломатів. Єзекія був дуже щасливий прийняти їх і показав їм всі свої скарбниці, срібло, золото, прянощі, дорогу олію, всю зброю і всі речі, які були в його скарбницях. Через його хвастощі Південну Юдею захопив Вавилон, і забрав всі скарби (Ісаї 39:1-6). Хвастощі походять від любові до цього світу, і це означає, що людина не має любові до Бога. Тому, для того, щоби зростити істинну любов, людина повинна позбутися пихи життєвої від усього серця.

Хвалитися в Господі

Існує добре вихваляння. Вихваляння в Господі, як написано у 2 Посланні до коринтян 10:17: «А хто хвалиться, нехай хвалиться в Господі!» Хвалитися в Господі – це прославляти Бога, чим більше, тим краще. Гарним прикладом такого вихваляння є «свідоцтво».

У Посланні до галатів 6:14 написано: «А щодо мене, то нехай нічим не хвалюся, хіба тільки хрестом Господа нашого Ісуса Христа, що ним розп'ятий світ для мене, а я для світу».

Згідно цим словам ми хвалимося Ісусом Христом, Котрий спас нас і дав нам Небесне Царство. Ми були приречені до вічної смерті через свої гріхи, але дякуючи Ісусу, Котрий заплатив за наші гріхи на хресті, ми отримали вічне життя. Якими вдячними ми повинні бути!

Тому апостол Павло хвалився своїми немочами. У 2 Посланні до коринтян 12:9 написано: «І сказав [Господь] мені: Досить тобі Моєї благодаті, бо сила Моя здійснюється в немочі. Отож, краще я буду хвалитись своїми немочами, щоб сила Христова вселилася в мене».

Насправді Павло явив так багато ознак і див, і люди навіть приносили хустки і фартухи, які торкалися його, до хворих, і вони зцілялися. Він зробив три місіонерські подорожі, привівши багато людей до Господа і насаджуючи церкви у багатьох містах. Але він говорить, що не він зробив всі ті справи. Він лише хвалився благодаттю Бога і силою Господа, яка дозволяла йому робити те, що він зробив.

У наш час багато людей свідчать про те, як вони зустрічають і відчувають живого Бога у щоденному житті. Вони передають любов Бога, коли говорять, що отримали зцілення від хвороб, фінансові благословення і спокій у родині, коли щиро розшукали Бога і явили справи своєї любові до Нього.

Як написано у Книзі Приповістей 8:17: «Я кохаю всіх тих, хто кохає мене, хто ж шукає мене – мене знайде!», вони вдячні за те, що відчули велику любов Бога і отримали міцну віру, а значить отримали духовні благословення. Таке вихваляння в Господі прославляє Бога і насаджує віру і любов у серцях людей. Таким чином вони накопичують нагороди на небесах і швидше отримають відповідь на бажання свого серця.

Але ми повинні бути обережними з дечим тут. Деякі люди говорять, що прославляють Бога, але насправді вони намагаються стати відомими, або зробити відомими свої вчинки. Вони непрямо натякають на те, що змогли отримати благословення завдяки власним зусиллям. Це означає, що вони прославляють Бога, але насправді довіряють лише собі. Сатана обвинуватить таких людей. Зрештою відкриється результат їхнього вихваляння. Їх можуть спіткати різноманітні випробування і негаразди, або якщо ніхто не визнає їх, вони просто відійдуть від Бога.

У Посланні до римлян 15:2 написано: «Кожен із нас нехай догоджає ближньому на добро для збудування». Як написано, ми завжди повинні звертатись до своїх ближніх для їхнього збудування і насаджувати в них віру і життя. Саме як вода очищується, проходячи через фільтр, ми повинні фільтрувати свої слова перед тим, як вимовити їх, думаючи про те, чи вони збудовуватимуть або ображатимуть почуття слухачів.

Позбутися пихи життєвої

Незважаючи на те, що люди мають багато чим похвалитися, жоден не житиме вічно. Після життя на землі всі потраплять або на небеса, або у пекло. На небесах навіть доріжки, по яким ми ходитимемо, вироблені із золота, і те багатство неможливо порівняти із багатством цього світу. Це означає, що вихваляння у цьому світі – безглуздя. Також навіть якщо людина має багатство, славу, знання і владу, чи може вона хвалитися ними, потрапивши до пекла?

Ісус сказав: «Яка ж користь людині, що здобуде ввесь світ,

але душу свою занапастить? Або що дасть людина взамін за душу свою? Бо прийде Син Людський у славі Свого Отця з Анголами Своїми, і тоді віддасть кожному згідно з ділами його» (Євангеліє від Матвія 16:26-27).

Вихваляння цим світом ніколи не дасть вічного життя і не принесе задоволення. Але збільшить безглузді бажання і приведе нас до знищення. Якщо ми розуміємо цей факт і сповнимо своє серце надією на небеса, ми отримаємо силу позбутися пихи життєвої. Це можна порівняти з тим, як дитина легко може відмовитися від старої іграшки, отримавши нову. Знаючи про сяючу красу Небесного Царства, ми не будемо триматися цього світу, щосили намагаючись здобути матеріальні речі цього світу.

Відколи ми позбулися пихи життєвої, ми хвалитимемось лише Ісусом Христом. Ми не вважатимемо, що можна хвалитися чимось матеріальним, що існує у цьому світі, але навпаки, будемо гордитися славою, якою насолоджуватимемось вічно у Небесному Царстві. Тоді ми сповнимося радості, яку не знали раніше. Навіть зіткнувшись із труднощами у своєму житті, ми не відчуємо, що вони такі важкі. Ми лише подякуємо за любов Бога. Котрий віддав Свого єдиного Сина Ісуса, щоби спасти нас, і таким чином ми можемо сповнюватися радості за будь-яких обставин. Якщо ми не будемо шукати пихи життєвої, ми не відчуватимемо підйому, отримуючи хвалу, або смутку, чуючи осудження. Ми лише покірно перевірятимемо себе, отримуючи хвалу, і дякуватимемо, коли нас докорятимуть, намагаючись змінитися ще більше.

5. Любов не надимається

Люди, які хваляться, почувають себе кращими за інших і стають гордовитими. Якщо все у них добре, вони вважають, що це тому, що вони добре виконали свою роботу, і стають самовдоволеними або лінивими. В Біблії говориться про те, що Бог найбільше ненавидить гордовитість. Гордовитість є також головною причиною того, що люди почали будувати Вавилонську вежу, щоби позмагатися з Богом. Саме це змусило Бога розділити мови.

Характерні риси гордовитої людини

Гордовита людина не вважає інших кращими за себе, зневажає або ігнорує їх. Така людина відчуває себе вищою за всіх в усьому. Вона вважає себе найкращою. Вона ставиться з презирством, зневажає і намагається повчати інших в усьому. Вона зухвало ставиться до тих, кого вважає менш важливими. Інколи така людина у своїй надмірній гордовитості зневажає тих, хто навчив і вів її, хто вищий за неї за суспільною ієрархією, або має вищу посаду у бізнесі. Вона не бажає слухати осудження і поради від старших. Така людина нарікатиме: «Мій керівник говорить так лише тому, що зовсім не розуміє цього», або промовлятиме: «Я знаю все і можу добре це зробити».

Така людина дуже багато сперечається і свариться з

іншими людьми. У Книзі Приповістей 13:10 написано: «Тільки сварка пихою зчиняється, а мудрість із тими, хто радиться».

У 2 Посланні Тимофію 2:23 написано: «А від нерозумних та від невчених змагань ухиляйся, знавши, що вони родять сварки». Тому нерозсудливо і неправильно вважати правим лише себе.

Кожна людина має свою совість і знання, тому що всі люди різні в залежності від того, що вони бачили, чули, відчули на власному досвіді і чого їх навчили. Але більшість знань людей є неправильними, і деякі з них були накопичені невідповідним чином. Якщо такі знання твердішали в нас протягом довгого періоду часу, у нас сформувалися самовдоволення і власні стандарти. Мати самовдоволення означає те, що ми наполягаємо на правильності лише своєї думки, і коли воно твердішає, це стає нашим стандартом мислення. Деякі люди формують свої стандарти, відповідно до своєї особистості, або покладаючись на свої знання.

Стандарти – це ніби скелет тіла людини. Вони формують обрис кожної людини, і коли вони вже сформувалися, дуже важко їх зруйнувати. Більшість людських думок походять від самовдоволення і власних стандартів. Людина, яка має почуття власної неповноцінності, реагує надто гостро, коли хтось звинувачує її. Або, як говориться у приказці, якщо багата людина одягнеться відповідно, люди подумають, що вона хвалиться, або виставляє напоказ свій одяг. Якщо людина використовує у мові важкі для розуміння слова, люди думають, що вона хвалиться своїми знаннями і зневажає їх.

Від учительки початкової школи я дізнався про те, що статуя свободи знаходиться у місті Сан-Франциско. Я чітко пам'ятаю, як вона розповідала про це, показуючи яскраві малюнки і карту Сполучених Штатів. На початку 90-х я поїхав до Сполучених Штатів для проведення Об'єднаних зборів відродження. Саме тоді я дізнався, що статуя свободи знаходиться у Нью-Йорку.

Як на мене, статуя повинна була стояти у Сан-Франциско, тому я не розумів, чому вона знаходиться у Нью-Йорку. Я спитав людей навкруг мене і вони відповіли, що вона дійсно знаходиться у Нью-Йорку. Я зрозумів, що якісь знання, які я вважав правдою, насправді були неправильними. У тут мить я також подумав, що те, у що я вірю, також може бути неправильним. Багато людей вірять у те, що є неправдою, наполягаючи на правильності своїх знань.

Навіть якщо вони помиляються, гордовиті люди не визнають того, а продовжуватимуть наполягати на власній думці, що призведе до свар. Але покірні люди не сперечатимуться навіть якщо інша людина неправа. Навіть якщо вони на 100% упевнені у своїй правоті, вони вважатимуть, що можуть помилятися, тому що не мають жодного наміру перемогти інших у суперечці.

Покірне серце має духовну любов, яка вважає інших людей кращими за себе. Навіть якщо інші люди менш щасливі, менше освічені або мають меншу владу у суспільстві, ми, маючи покірний розум, щиро вважатимемо інших кращими за себе. Ми вважатимемо всі душі дорогоцінними, тому що вони достойні, бо Ісус пролив за них Свою кров.

Тілесна і духовна гордовитість

Якщо людина чинить неправду і хвалиться, зневажаючи інших, вона легко може зрозуміти таку гордовитість. Коли ми приймаємо Господа і пізнаємо істину, від цих проявів тілесної гордовитості можна легко позбутися. І навпаки, важко зрозуміти духовну гордовитість і позбутися її. Тоді що таке духовна гордовитість?

Відвідуючи церкву протягом довгого періоду часу, ви накопичуєте знання Божого Слова. Вам також можуть дати звання і посаду в церкві, або обрати лідером. Тоді ви можете відчути, що вже зростили достатньо знань Божого Слова у своєму серці, що дає вам можливість подумати так: «Я так багато досяг. Напевно я правий у багатьох речах». Ви можете докоряти, осуджувати і визнавати винними інших за допомогою Божого Слова, яке відклалося в вас як знання, вважаючи, що ви лише розрізняєте правду від неправди відповідно до істини. Деякі лідери церкви порушують правила і порядок, які вони мають виконувати, керуючись лише власними вигодами. Своїми діями вони напевно порушують церковний порядок, думаючи так: «Мені це дозволено, тому що я обіймаю таку посаду. Я – винятковий».

Таке вихваляння є духовною гордовитістю.

Якщо ми сповідуємо свою любов до Бога, але нехтуємо законом і Божими наказами, вихваляючи себе, наша сповідь неправдива. Якщо ми осуджуємо і визнаємо винними інших людей, про нас не можна сказати, що ми маємо істинну любов. Істина вчить нас дивитися, слухати і говорити лише добре про інших.

> *Не обмовляйте, брати, один одного! Бо хто брата свого обмовляє або судить брата, той Закона обмовляє та судить Закона. А коли ти Закона осуджуєш, то ти не виконавець Закона, але суддя. (Послання Якова 4:11)*

Як ви себе почуваєте, коли бачите недоліки інших людей?

Джек Корнфілд у своїй книжці «Мистецтво прощення, милосердя і мир» пише про те, як уникнути неправильної поведінки.

«У племені Бабемба що в Південній Африці, коли людина чинить безвідповідально або несправедливо, її садять всередині села, одного і без кайданів. Робота припиняється, всі чоловіки, жінки і діти збираються у велике коло навкруг обвинувачуваного. Тоді кожен звертається до обвинувачуваного по черзі, пригадуючи добрі вчинки, які та людина зробила протягом життя. Про кожний випадок докладно розповідається. Всі позитивні характеристики, добрі справи, їхня цінність, добро старанно і докладно перелічуються. Така церемонія часто триває протягом кількох днів. В кінці коло одноплемінників руйнується, розпочинається радісне святкування, і людину символічно і буквально приймають назад у плем'я».

Завдяки такому процесу люди, які вчинили щось погане, повертають самоповагу і вирішують співпрацювати зі своїм племенем. Завдяки такому унікальному випробуванню у суспільстві дуже рідко відбуваються злочини.

Коли ми бачимо вади інших людей, ми можемо подумати: осуджувати і обвинувачувати їх спочатку, чи спершу поспівчувати і пожаліти. Таким чином ми можемо проаналізувати, наскільки ми зростили покору і любов. Постійно перевіряючи себе, ми не повинні задовольнятися тим, чого ми вже досягли, лише тому, що ми довгий час є віруючими.

Перед тим, як повністю освятитися, всі люди мають природу, яка дозволяє гордості вирости. Тому дуже важливо викорінити природу гордовитості. Вона може у будь-яку мить з'явитися знову, якщо ми не викорінимо її повністю завдяки палким молитвам. Це схоже на прополку бур'янів. Вони продовжуватимуть рости доки ви не видалите їхнє коріння. А саме, оскільки гріховну природу ви ще не видалили повністю зі свого серця, гордовитість знову повертається у думки людей, незважаючи на те, що вони вже довго живуть у вірі. Тому ми повинні завжди впокорювати себе, наче діти, перед

Господом, вважаючи інших кращими за себе і постійно намагаючись зростити духовну любов.

Гордовиті люди вірять у самих себе

Навуходоносор відкрив золоту еру величного Вавилону. у той час були побудовані Висячі сади – одне із див світу. Він пишався тим, що все його царство і всі його справи виконувалися під впливом його великої влади. Він поставив статую самому собі і змусив людей поклонятися їй. У Книзі Пророка Даниїла 4:27 написано: «Цар заговорив та й сказав: Чи ж це не величний Вавилон, що я збудував його на дім царства міццю потуги своєї та на славу моєї пишноти?»

Зрештою Бог дав йому зрозуміти, хто насправді є правителем цього світу (Книга Пророка Даниїла 4:30-31). Він був відлучений від людей, протягом семи років їв траву як воли і жив наче дикий звір у пустелі. Яке значення мав тоді його престол? Без дозволу Бога ми не можемо отримати нічого. Навуходоносор повернувся назад через сім років. Він зрозумів свої гордовитість і визнав Бога. У Книзі Пророка Даниїла 4:37 написано: «Тепер я, Навуходоносор, хвалю й звеличую та славлю Небесного Царя, що всі чини Його правда, а дорога Його правосуддя, а тих, хто ходить у гордощах, Він може понизити».

Це стосується не лише Навуходоносора. Деякі невіруючі у цьому світі говорять: «Я вірю у себе». Але вони не можуть подолати цей світ. У світі так багато проблем, які вони вирішити не можуть за допомогою людських здібностей. Навіть найкращі передові технології і знання марні перед природними катаклізмами: тайфунами, землетрусами та іншими несподіваними катастрофами.

Скільки хвороб неможливо вилікувати навіть за допомогою сучасних ліків? Багато людей, стикаючись з різними проблемами, покладаються на себе, а не на Бога. Вони покладаються на власні думки, досвід і знання. Але коли їм це не вдається, і їх все рівно спіткають проблеми, вони нарікають на Бога, хоча не вірять у Нього. Це відбувається через гордовитість, яка живе в їхньому серці. Через цю гордовитість вони не визнають свої провини і не можуть з покорою визнати Бога.

Ще гірше те, що деякі люди, які вірять в Бога, покладаються на цей світ і на самих себе, але не на Бога. Бог бажає, щоби Його діти досягали успіхів і жили з Його допомогою. Але якщо ви не бажаєте коритися Богові у своїй гордовитості, Бог не зможе вам допомогти. Тоді ви не будете захищені від ворога-диявола і вам не буде ні в чому вестися добре. Саме як Бог говорить у Приповістях 18:12: «Перед загибіллю серце людини високо несеться, перед славою ж скромність», ваша гордість стає причиною ваших невдач і загибелі.

Бог вважає гордовитих людей безглуздими. У порівнянні з Богом, Котрий поставив Свій престол на небесах, а ослінчик під ноги – на землі, людина здається дуже малою. Всі люди були створені за образом Бога, всі ми рівні. Ми – діти Бога незалежно від свого положення. Незалежно від того, скількома речами ми можемо хвалитися у цьому світі, життя на цій землі – це лише мить. Коли це коротке життя завершиться, всі постануть на суд перед Богом. І ми будемо прославлені на небесах відповідно до того, що ми зробили у своїй покорі на цій землі. Тому що Господь прославить нас, як написано у Посланні Якова 4:10: «Упокоріться перед Господнім лицем, і Він вас підійме!»

Якщо вода стоятиме у маленькій калюжі, вона застоїться, почне гнити, і в ній заведуться черв'яки. Але якщо вода невпинно литиметься згори, вона зрештою досягне моря і дасть життя багатьом живим організмам. Так само давайте принизимося щоби стати великими в очах Бога.

Характеристики духовної любові I	1. Любов довготерпить
	2. Любов милосердствує
	3. Любов не заздрить
	4. Любов не величається
	5. Любов не надимається

6. Любов не поводиться нечемно

«Манери» або «етикет» – це правильна поведінка у суспільстві, ставлення людей одне до одного. Види етикету бувають різні: етикет спілкування, застільний етикет, етикет поведінки у громадських місцях, наприклад, у театрі.

Належна поведінка є важливою частиною нашого життя. Соціально прийнятна поведінка, яка доречна в усіх місцях і для будь-яких подій, зазвичай чинить сприятливе враження на інших людей. І навпаки, якщо ми не поводимося належним чином, нехтуючи основними правилами етикету, ми можемо завдати незручностей людям навколо нас. Крім того, якщо ми говоримо, що любимо когось, але поводимося погано з тією людиною, їй буде важко повірити, що ми її любимо.

Тлумачний словник пояснює слово «нечемний» як «невідповідний стандартам, притаманним положенню людини або умовам її життя». Тут також є багато різних правил культурного етикету у нашому повсякденному житті: як вітатися, як вести розмову. Дивно, але більшість людей не розуміє, що вони діяли непристойно, навіть коли були грубими. Зокрема, нам легше поводитися нечемно з близькими. Це тому, що коли ми відчуваємо себе затишно з людьми, ми схильні бути неввічливими або поводитися нечемно, не дотримуючись правил етикету.

Але якщо ми маємо справжню любов, ми ніколи не поводитимемося нечемно. Припустимо, ви маєте дуже коштовну і гарну прикрасу. То чи будете ви поводитися з нею необережно? Ви будете дуже обережні, поводитиметесь акуратно, щоби не розбити, не пошкодити або не загубити її. Так само, якщо ви дійсно любите людину, чи не будете ви ставитися до неї як до коштовності?

Є два види нечемної поведінки: нечемність до Бога і нечемність до людини.

Поводитися нечемно з Богом

Навіть коли ми побачимо вчинки людей, які вірять в Бога, і говорять, що люблять Бога, а також почуємо їхні слова, ми зрозуміємо, що багато з них знаходяться дуже далеко від любові до Бога. Наприклад, дрімати під час богослужіння – найбільший прояв неввічливості до Бога.

Дрімати під час богослужіння – це те саме, що дрімати у присутності Самого Бога. Було б дуже нечемним дрімати перед президентом країни або генеральним директором компанії. Тоді наскільки більш нечемно було б дрімати перед Богом? Було б сумнівно почути від вас, що ви любите Бога. Або, припустимо, ви зустрічаєтеся з коханою людиною, але постійно дрімаєте в її присутності. Чи можливо стверджувати, що ви любите людину, з якою поводитесь таким чином?

Також якщо ви розмовляєте з тими, хто сидить поруч з вами під час богослужіння, або мрієте під час богослужіння, це також вважається нечемною поведінкою. Така поведінка показує, що людина, яка поклоняється Богові, не шанує і не любить Його.

Така поведінка також впливає на проповідника. Припустимо, віруюча людина розмовляє із тим, хто сидить поряд з нею, або має марні думки, або дрімає. Тоді проповідник може здивуватися, невже проповідь недостатньо гарна. Він може втратити надихання Святого Духа, так що не зможе проповідувати у повноті Духу. Всі ці події зрештою зашкодять також іншим людям на богослужінні.

Те саме стосується випадку, коли люди виходять з храму посеред служіння. Звичайно, є деякі добровольці, які мають виходити у справах, щоби допомагати під час проведення богослужіння. Однак за виключенням дійсно рідких випадків правильним буде переходити з місця на місце лише після закінчення богослужіння. Деякі люди думають так: «Ми можемо слухати лише проповідь», і виходити до завершення богослужіння. Але така поведінка є нечемною.

Богослужіння у наш час можна порівняти з жертвою цілопалення у часи Старого Заповіту. Коли люди приносили жертву цілопалення, вони повинні були розрізати тварин на частини і спалювали їх (Левит 1:9).

Для нас сьогодні це означає, що ми повинні приносити належне і повне богослужіння від початку до кінця відповідно до певних формальних правил і процедур. Ми повинні виконувати все відповідно до порядку богослужіння всім своїм серцем, починаючи з безмовної молитви і до благословення або Господньої молитви наприкінці богослужіння. Коли ми співаємо пісні прославляння, молимося, жертвуємо гроші під час пожертвування і слухаємо оголошення, ми повинні віддавати все своє серце. Окрім офіційних церковних богослужінь, під час різноманітних молитовних зборів, богослужінь і прославляння, або під час зборів малої групи ми повинні також віддавати все своє серце.

Щоби поклонятися Богові всім серцем, по-перше, ми повинні не запізнюватися на богослужіння. Нечемно запізнюватися на побачення з іншими людьми, тож ще більш нечемно запізнюватися на побачення з Богом. Бог завжди чекає на нас у місці богослужіння, щоби прийняти наше служіння.

Отже ми повинні приходити не перед самим початком богослужіння. Правильніше буде приходити раніше, молитися у покаянні і готуватися до богослужіння. Крім того, користуватися мобільними телефонами і не зважати на своїх дітей, які бігають і граються під час богослужіння, – це також нечемна поведінка. Жувати гумку або їсти під час богослужіння також вважається нечемною поведінкою.

Ваш зовнішній вигляд на богослужінні також має значення. Звичайно вважається непристойним приходити у церкву у домашньому або робочому одязі. Тому що одяг – це спосіб висловити своє шанування і повагу іншій людині. Діти Божі, які істинно вірять в Бога, знають, яким дорогим є для них Бог. Тому коли вони приходять поклонятися Йому, вони одягають найчистіший одяг, який мають.

Звичайно, бувають винятки. На богослужіння, які проходять у середу, і на нічне служіння у п'ятницю люди приходять прямо з роботи. Оскільки вони поспішають, щоби не запізнитися, вони можуть приходити у робочому одязі. У такому випадку Бог не говоритиме, що вони поводяться нечемно, але радітиме, отримуючи аромат їхнього серця, коли вони намагаються прийти вчасно на богослужіння навіть якщо вони зайняті на роботі.

Бог бажає мати любляче спілкування з нами через богослужіння і молитви. Такі обов'язки повинні виконувати Божі діти. Особливою є молитва у розмові з Богом. Інколи, коли інші люди моляться, хтось через крайню необхідність може зупинити їх, постукавши по плечу.

Це те саме, що переривати інших людей, коли вони розмовляють зі своїм начальником. Також під час молитви, якщо ви відкриваєте очі і перестаєте молитися через те, що хтось вас покликав, – це також нечемна поведінка. У такому випадку ви повинні спочатку завершити молитву, а потім відповісти.

Якщо ми приносимо своє богослужіння і молитву у дусі та істині, Бог відплачує нам благословеннями і нагородами. Він швидше відповідає на наші молитви. Тому що Він із задоволенням отримує аромат нашого серця. Але якщо ми накопичуємо нечемну поведінку рік, два і далі, це створить стіну гріха між нами і Богом. Якщо стосунки без любові продовжуватимуться, така стіна створиться між чоловіком і дружиною, батьками і дітьми, спричинивши проблеми. Так само зі стосунками з Богом. Якщо ми збудували стіну між собою і Богом, ми не можемо бути захищеними від хвороб і нещасливих випадків, і нас можуть спіткати різні проблеми. Ми можемо не отримувати відповіді на молитви, навіть якщо молитимемось протягом довгого часу. Але якщо ми маємо належне ставлення до богослужіння і молитви, ми можемо вирішити багато проблем.

Церква – це святий дім Бога

Церква – це місце, де живе Бог. У Книзі Псалмів 11:4 написано: «ГОСПОДЬ у святім Своїм храмі, ГОСПОДЬ – престол Його на небесах».

У часи Старого Заповіту не кожен міг зайти до святині. Це могли робити лише священики. Лише раз на рік первосвященик міг зайти у Святе Святих всередині святині. Але сьогодні за благодаттю Господа кожен може увійти у храм і поклонятися Йому. Тому що Ісус викупив нас від наших гріхів Своєю кров'ю, як написано у Посланні до євреїв 10:19: «Отож, браття, ми маємо відвагу входити до святині кров'ю Ісусовою».

Храм – це не лише місце, де ми поклоняємося. Це кожне місце у межах церкви, у тому числі подвір'я та інші об'єкти. Тому коли ми перебуваємо у церкві, ми повинні бути обережними зі словами і діями. Перебуваючи і храмі, ми не повинні сердитися і сваритися, розмовляти про мирські розваги і бізнес. Те саме стосується необережного ставлення до святих речей Бога у церкві, якщо ми пошкоджуємо, ламаємо або даремно витрачаємо їх.

Особливо неприпустимі купівля і продаж у церкві. Сьогодні з розвитком Інтернет-магазинів деякі люди платять за Інтернет-покупки прямо в церкві і отримують їх теж у церкві. Це безперечно торгова операція. Ми повинні пам'ятати, що Ісус попереvertав грошомінам столи і вигнав усіх продавців, хто продавав тварин для жертвоприношення. Ісус навіть не визнав продаж у храмі тварин, які призначалися для жертвоприношення. Тому ми не повинні купувати або продавати що-небудь у церкві для власних потреб. Це те саме, що мати базар на церковному подвір'ї.

Всі місця у церкві повинні бути призначені для поклоніння Бога і спілкування з братами і сестрами в Господі. Коли ми молимося і часто проводимо збори у церкві, ми повинні пильнувати, щоби не стати нечутливими до святості церкви. Якщо ми любимо церкву, ми не будемо поводитись нечемно у церкві, як написано у Книзі Псалмів 83:11: «Ліпший бо день на подвір'ях Твоїх, аніж тисяча в іншому місці, я б вибрав сидіти при порозі дому Бога мого, аніж жити в наметах безбожности!»

Поводитися нечемно з людьми

В Біблії говориться, що той, хто не любить свого брата, також не любить Бога. Якщо ми поводимося нечемно з іншими людьми, яких ми бачимо, чи можемо ми проявляти свою повагу до Бога, якого не бачимо?

«Як хто скаже: Я Бога люблю, та ненавидить брата свого, той неправдомовець. Бо хто не любить *брата свого, якого бачить, як може він Бога любити, Якого не бачить?» (1 Послання Івана 4:20)*

Давайте розглянемо звичайні нечемні вчинки у нашому повсякденному житті, які ми зазвичай не помічаємо. Звичайно, якщо ми шукаємо власної вигоди і не зважаємо на інших, відбудеться багато грубих вчинків. Наприклад, для телефонних розмов існує свій етикет. Якщо ми телефонуємо пізно ввечері або вночі, або довго говоримо з людиною, яка дуже зайнята, ми шкодимо їй. Запізнення на побачення або несподіваний візит у гості до когось, або приїзд без попередження також є прикладами невихованості.

Ви можете подумати: «Ми так близькі, тож невже це не надмірний формалізм думати про всі ці умовності?» Ви можете дійсно мати дуже гарні стосунки, щоби розуміти все про іншу особу. Але все-таки важко зрозуміти серце іншої людини на 100%. Ми можемо подумати, що висловлюємо свої дружні почуття, але ваш товариш може сприйняти це інакше. Тому ми повинні намагатися думати поставивши себе на місце іншої людини. Ми повинні особливо турбуватися про те, щоби не поводитися нечемно з іншою людиною, якщо вона надто близька нам і почувається зручно з нами.

Багато разів ми можемо говорити необережні слова, які можуть образити почуття найближчих нам людей. Ми поводимося грубо зі своїми рідними і найближчими друзями, зрештою стосунки стають напруженими і згодом можуть стати зовсім поганими. Також деякі старші люди нечемно поводяться з особами молодшого віку або нижчими за статусом. Вони розмовляють без поваги, або поводять себе ніби командири, змушуючи інших ніяковіти.

Але сьогодні важко знайти людей, які щиросердечно служать своїм батькам, учителям, людям старшого віру, котрим ми повинні служити. Дехто скаже, що ситуація змінилася, але є те, що ніколи не міняється. У Книзі Левит 19:32 написано: «Перед лицем сивизни встань, і вшануй лице старого, і будеш боятися Бога свого. Я ГОСПОДЬ!»

Божа воля для нас у тому, щоби ми виконували всі обов'язки серед людей. Божі діти повинні також виконувати закон і правила цього світу, щоби не поводитися нечемно. Наприклад, якщо ми спричинюємо метушню у громадському місці, плюємо на вулиці, або порушуємо правила дорожнього руху, – значить ми поводимося нечемно з багатьма людьми. Ми – християни, які мають бути світлом і сіллю цього світу, а тому ми повинні бути дуже обережними зі своїми словами, вчинками і поведінкою.

Закон любові – це основний стандарт

В основному люди проводять більшість часу з іншими людьми, зустрічаючись і розмовляючи з ними, обідаючи разом або працюючи. Тому у нашому повсякденному житті існує багато правил культурної поведінки. Але кожна людина має всій рівень освіти. Також у різних країнах та серед різних народів існує своя культура. Тоді що має бути стандартом нашої поведінки?

Закон любові, який є у нашому серці. Закон любові означає

закон Бога, Котрий Сам є любов'ю. Тобто, в залежності від того, наскільки Боже Слово залишило слід у нашому серці і ми застосовуємо його на практиці, ми будемо мати ставлення Господа і не поводитимемося нечемно. Інше значення закону любові – це «увага».

Чоловік пробирався у повній темряві ночі, тримаючи і руці ліхтар. Інший чоловік йшов у протилежному напрямку, назустріч першому. Коли він побачив чоловіка з ліхтарем, він помітив, що той сліпий. Тоді перехожий запитав, чому той несе ліхтар, хоча все рівно нічого не бачить. Той відповів: «Щоби ти не наштовхнувся на мене. Цей ліхтар для тебе». Ця історія вчить нас бути люб'язними.

Увага до інших, хоча це здається банальним, має велику силу, зворушуючи серця людей. Нечемна поведінка походить від неуваги до інших людей, що означає, що їм бракує любові. Якщо ми дійсно любимо інших людей, ми завжди будемо уважними до них і не поводитимемося нечемно.

У сільському господарстві якщо надмірно видаляти неякісні плоди з-поміж всіх плодів, під час свого росту всі плоди отримають всі поживні речовини, так що матимуть надмірно товсту шкіру, а їхній смак також буде не дуже гарним. Якщо ми не будемо піклуватися про інших, якийсь час ми зможемо насолоджуватися всіма доступними речами, але ми станемо огидними і товстошкірими людьми, схожими на надмірно підживлені плоди.

Отже, як написано у Посланні до колосян 3:23: «І все, що тільки чините, робіть від душі, немов Господеві, а не людям!», ми повинні служити всім з найбільшою повагою, так само, як служимо Господу.

7. Любов не шукає тільки свого

У сучасному світі не надто важко знайти егоїзм. Люди шукають власної вигоди, але не вигоди для інших людей. У деяких країнах вони включають шкідливі хімічні речовини у виробництво молочних сумішей для дитячого харчування. Деякі люди приносять велику шкоду власній державі, викрадаючи технології, надто важливі для країни.

Відповідно до погляду «моя хата скраю», уряду важко будувати виробничі об'єкти: сміттєзвалища і громадські крематорії. Люди не піклуються про благо для інших людей, їх турбує лише власне благополуччя. У своєму повсякденному житті ми також можемо знайти приклади не таких крайніх випадків, але егоїстичних вчинків.

Наприклад, деякі колеги або друзі обідають разом. Вони мають обрати страви. Один наполягає на своєму виборі. Інший з ним погоджується, але насправді залишається незадоволеним. А інший завжди спочатку запитує інших, що б вони хотіли поїсти. Тож незалежно від того, подобається йому вибір інших, чи ні, він завжди їсть із задоволенням. До якої категорії належите ви?

Група людей зібралася для того, щоби підготуватися до якоїсь події. Вони мають різні думки. Одна особа намагається переконати інших доки всі з нею не погодяться. Інша особа не дуже наполягає на власній думці, але коли їй не подобається думка іншої людини, вона висловлює небажання, але приймає ту думку.

Інша людина завжди слухає інших, коли вони діляться своїми думками. І навіть якщо думка протилежна, ця людина намагається підтримувати її. Це залежить від того, скільки любові міститься у серці кожної людини.

Конфлікт поглядів, який приводить до суперечок і дискусій, виникає тому, що люди шукають свого, наполягаючи на правильності лише власних думок. Якщо чоловік і дружина наполягатимуть лише на своєму, вони постійно сперечатимуться і не зможуть зрозуміти одне одного. Вони отримають спокій лише якщо дійдуть згоди і зрозуміють один одного. Але спокій часто порушується, тому що кожен з них наполягає на правильності власних думок.

Якщо ми любимо когось, ми піклуватимемося про ту людину більше, ніж про себе. Давайте поговоримо про батьківську любов. Більшість батьків спершу думають про своїх дітей, ніж про себе. Тому матерям приємніше почути: «Ваша донька така гарна», аніж «Ви така гарна».

Замість того, щоби самим їсти смачну їжу, батьки почуваються щасливішими, коли їхні діти добре харчуються. Замість того, щоби самим насити гарний одяг, вони почуваються щасливішими, гарно одягаючи своїх дітей. Також вони бажають, щоби їхні діти були розумнішими, ніж вони самі. Батьки хочуть, щоби їхніх дітей визнавали і любили інші люди. Якщо ми так само любитимемо своїх близьких і всіх інших людей, Бог-Отець буде дуже задоволений нами.

Авраам з любов'ю шукав вигоди для інших людей

Готовність ставити інтереси інших людей вище своїх походить від жертовної любові. Авраам – гарний приклад людини, яка шукала вигоди для інших людей, а не для себе.

Коли Авраам залишав своє рідне місто, його племінник Лот пішов разом з ним. Лот також отримав великі благословення завдяки Авраамові і мав так багато скота, що вже не вистачало трави і води, щоби накормити і напоїти Авраамові і Лотові отари і стада. Інколи пастухи обох господарів навіть сварилися через це.

Авраам не хотів, щоби мир було зруйновано, і дав Лотові право першим обрати землю, в якій він бажає оселитися. Тоді Авраам оселиться в іншій землі. Найважливішим чинником у піклуванні за стадами є трава і вода. У землі, де вони перебували, не було достатньо води і трави для всіх тварин, а поступитися кращою землею означало те саме, що відмовитися від всього необхідного для виживання.

Авраам був уважним до Лота, бо дуже сильно любив його. Але Лот насправді не розумів любові свого дядька Авраама. Він просто обрав найкращу землю, долину при Йордані, і залишив його. Чи почувався Авраам незатишно, побачивши, що Лот без вагань обрав те, що було добре для нього? Ні! Він був щасливий, що його племінник обрав гарну землю.

Бог бачив добре серце Авраама і благословляв його ще більше, куди б він не йшов. Він став таким багатим, що його поважали навіть царі тих земель. Як сказано тут, ми неодмінно отримаємо благословення від Бога, якщо шукатимемо вигоди для інших людей, а не для себе.

Якщо ми віддаємо щось своє тим, кого любимо, ми відчуваємо велику радість. Таку радість можуть зрозуміти лише ті люди, які віддали щось дуже дорогоцінне своїм коханим. Ісус відчував таку радість. Ми можемо отримати таку велику радість, зростивши бездоганну любов. Дуже важко віддавати людям, яких ми ненавидимо, але зовсім не важко віддавати тим, кого ми любимо. Ми щасливіші, коли віддаємо.

Найбільше щастя

Бездоганна любов дозволяє нам насолоджуватися найбільшим щястям. Щоби мати бездоганну любов, яку мав Ісус, ми повинні думати спершу про інших, а потім про себе. Нашим пріоритетом повинні були не ми самі, але наші близькі, Бог, Господь і церква. Тоді Бог піклуватиметься про нас. Він дасть нам краще, ніж ми шукаємо, якщо ми шукатимемо вигоди для інших. Наші нагороди накопичуватимуться на небесах. Тому у Книзі Дії 20:35 Бог говорить: «Блаженніше давати, ніж брати!»

Тут ми маємо розуміти одне: ми не повинні завдавати шкоди своєму здоров'ю, вірно працюючи для Божого Царства поза межами своїх фізичних сил. Бог прийме наше серце, якщо ми намагатимемось бути вірними без будь-яких обмежень. Але наше фізичне тіло потребує відпочинку. Ми також повинні піклуватися про своє душевне процвітання молячись, тримаючи піст, вивчаючи Боже Слово, а не лише працюючи на благо церкви.

Деякі люди шкодять своїм рідним або ображають їх, а також інших людей, витрачаючи надто багато часу для виконання релігійних або церковних справ. Наприклад, деякі люди не можуть належним чином виконувати свої обов'язки на роботі через піст. Деякі учні можуть нехтувати своїми уроками, щоби взяти участь у роботі недільної школи.

В усіх цих випадках люди можуть вважати, що не шукають власної вигоди, тому що важко працюють. Але насправді це не так. Незважаючи на те, що вони працюють для Господа, вони перестають бути вірними в усьому Божому домі, а тому це означає, що вони не виконують всі обов'язки Божих дітей. Отже вони шукають власної вигоди.

Тож що ми маємо робити, щоби не шукати власної вигоди в усьому? Ми повинні покладатися на Святий Дух. Святий Дух, котрий є серцем Бога, веде нас до істини. Ми можемо жити лише для Божої слави, якщо робитимемо все під керівництвом Святого Духа, як говорив апостол Павло: «Тож, коли ви їсте, чи коли ви п'єте, або коли інше що робите, усе на Божу славу робіть!» (1 Послання до коринтян 10:31)

Щоби робити так, ми повинні позбутися зла зі свого серця. Крім того, якщо ми зрощуємо у своєму серці істинну любов, мудрість добра зійде на нас, так що ми зможемо бачити Божу волю у будь-якій ситуації. Як говорилося вище, якщо добре ведеться вашій душі, все у нас буде добре і ми будемо здоровими, так що зможемо бути вірними Богові найбільшою мірою. Нас також любитимуть сусіди і члени нашої родини.

Коли тільки-но одружені пари приходять до мене, щоби отримати молитву благословення, я завжди молюся за те, щоби вони спершу шукали не своєї вигоди. Якщо вони шукатимуть власної вигоди, в їхній сім'ї не буде миру.

Ми можемо шукати вигоди для тих людей, яких ми любимо, або які можуть бути для нас корисними. А як щодо тих, хто робить нам лише зло і завжди шукає лише своєї вигоди? А як щодо тих, хто заподіює зло, або змушує нас зазнавати збитків, або хто не може бути для нас корисним? Як ми ставимося до тих, хто чинить неправду і постійно говорить погані слова?

У таких випадках якщо ми просто уникаємо таких людей або не бажаємо жертвувати для них нічим, це означає, що ми шукаємо свого. Ми повинні жертвувати собою і поступатися навіть тим людям, чиї думки відрізняються від наших. Лише тоді нам можна буде вважати людьми, які мають духовну любов.

8. Любов не рветься до гніву

Любов робить позитивними серця людей. З іншого боку, гнів робить серце негативним. Гнів шкодить серцю і робить його темним. Тому якщо ви гніваєтеся, ви не можете перебувати у Божій волі. Найбільші пастки, які ворог, сатана і диявол, створює перед Божими дітьми, – це ненависть і гнів.

Рватися до гніву – це не лише сердитися, кричати, лаятися і шаленіти. Якщо ваше обличчя спотворюється, якщо колір вашого обличчя змінюється, а манера розмови стає різкою, – все це говорить про те, що ви когось провокуєте. І хоча величина завжди різна у кожному випадку, це є зовнішнім проявом ненависті і поганих почуттів, які існують у вашому серці. Але лише поглянувши на зовнішній вигляд людини, ми не повинні осуджувати або звинувачувати інших, думаючи, що вони гніваються. Для кожного з нас нелегко зрозуміти напевно серце іншої людини.

Одного разу Ісус вигнав людей, які торгували у храмі. Торговці встановили столи і обмінювали гроші або продавали живих тварин для тих, хто прийшов в Єрусалимський храм для святкування Пасхи. Ісус дуже лагідний. Він не лаявся і не кричав, і жоден не чув його голосу на вулиці. Але побачивши таке, Його ставлення значно змінилося.

Він зробив батіг із вірьовки і вигнав овець, корів та інших жертовних тварин. Він перевернув столи грошомінам і ослони продавцям голубів. Коли люди, які оточували Ісуса, побачили Його такого, вони могли подумати, що Він розгнівався. Але у той час Він гнівався не через погані думки, як, наприклад, ненависть. Це просто було праведне обурення. Маючи праведне обурення, Він дав нам зрозуміти, що не можна терпіти неправедність осквернення Божого храму. Таке праведне обурення – результат любові до Бога, Котрий вдосконалює любов Своєю справедливістю.

Різниця між праведним обуренням і гнівом

У 3 главі Євангелія від Марка у суботу Ісус вздоровив чоловіка у синагозі, який мав суху руку. Люди спостерігали за Ісусом, щоби побачити, чи вздоровить Він чоловіка у суботу, щоби звинуватити Його у порушенні суботи. У той час Ісус знав серця людей і запитав: «У суботу годиться робити добре, чи робити лихе, життя зберегти, чи погубити? Вони ж мовчали» (Євангеліє від Марка 3:4).

Їхній намір було викрито, їм нічого було більше говорити. Гнів Ісуса був направлений проти їхніх закам'янілих сердець.

І споглянув Він із гнівом на них, засмучений закам'янілістю їхніх сердець, і сказав чоловікові: Простягни свою руку! І той простяг, і рука йому стала здорова! (Mark 3:5).

У той час лихі люди лише намагалися засудити і вбити Ісуса, Котрий чинив лише добрі справи. Тому інколи Ісус у розмові з ними використовував сильні фрази. Він так робив так для того, щоби дати їм шанс все зрозуміти і відвернутися від шляху знищення. Так само, праведне обурення Ісуса походило від Його любові. Це праведне обурення інколи пробуджувало людей і приводило їх до життя. Таким чином, бути спровокованим і мати праведне обурення – це зовсім різні речі. Лише коли людина освятилася і не має жодного гріха, її докори і догани дають душам життя. Але без освячення серця людина не може принести такий плід.

Існує декілька причин, чому люди гніваються. Перша: тому що думки людей і їхні бажання є різними. Всі мають різне походження і освіту, тому серця людей і їхні думки, а також стандарти осудження відрізняються одне від одного. Але вони намагаються змусити людей відповідати їхнім власним думкам, і у цьому процесі вони стають жорстокими.

Припустимо, чоловік любить солону їжу, а його дружина не любить. Дружина може сказати: «Дуже багато солі – це погано для здоров'я. Ти повинен вживати трохи менше солі». Вона дає таку пораду для здоров'я свого чоловіка. Але якщо це не подобається чоловікові, дружина не повинна наполягати. Вони повинні знайти спосіб поступатися одне одному. Їхня сім'я може стати щасливою, якщо вони обоє будуть докладати для цього зусиль.

По-друге, людина може розсердитися, якщо інші її не слухають. Старша людина або керівник бажатиме, щоби інші виконували її накази. Звичайно, правильно поважати старших і слухатися керівників, які обіймають вищу посаду, але так само неправильно, коли ці люди примушують нижчих за положенням людей слухатися їх.

Є випадки, коли людина, яка обіймає вищу посаду, зовсім не слухає своїх підлеглих, а лише бажає, щоби вони слухалися безумовно. В інших випадках люди сердяться, коли зазнають втрати або коли до них ставляться несправедливо. Крім того, людина може розсердитися, коли інші безпідставно ображають її, або коли все не відбувається так, як вона просила або наказувала зробити, або коли люди проклинають або ображають її.

Перед тим, як розсердитися, люди вже мають погані почуття у своєму серці. Слова або дії інших людей збуджують такі почуття. Зрештою збуджені почуття проявляються у вигляді гніву. Звичайно, наявність таких поганих почуттів – це крок до гніву. Ми не можемо перебувати у любові Божій і наш духовний ріст серйозно заважає нам, коли ми гніваємося.

Ми не можемо змінити себе за допомогою істини доки матимемо ворожі почуття, ми повинні не дратуватися і позбутися самого гніву. У 1 Посланні до коринтян 3:16 написано: «Чи не знаєте ви, що ви Божий храм, і Дух Божий у вас пробуває?»

Необхідно розуміти, що Святий Дух живе у нашому серці, як у храмі, і що Бог завжди спостерігає за нами, щоби нас ніщо не дратувало лише тому, що дещо не узгоджується з вашими думками.

Гнів людський не чинить правди Божої

Єлисей отримав подвійну частку духу на відміну від його учителя Іллі і здійснював більше справ Божої сили. Він дав жінці, яка не могла мати дітей, благословення зачати, він воскресив мертвого, зцілив прокажених і переміг ворожу армію. Він перетворив воду непридатну для пиття на питну, поклавши у неї сіль. Однак він помер від хвороби, що було рідкістю для великих Божих пророків.

Якою могла бути причина? Це сталося, коли пророк йшов до Бет-Елу. Малі хлопці вийшли з міста і насміхалися з нього, тому що в нього було мало волосся на голові і він не дуже добре виглядав. Хлопці казали йому: «Ходи лисий! Ходи лисий!» (2 Книга Царів 2:23)

Не двоє хлопців, але цілий натовп йшов за Єлисеєм і насміхався, тож він був збентежений. Він сказав їм і посварив, але хлопці не послухалися. Вони уперто допікали пророка, і це було нестерпним для Єлисея.

Бет-Ел став домівкою ідолопоклонства у Північному Ізраїлі після розколу нації. Напевно серця тих хлопців затверділи через суспільство, в якому всюди вклонялися ідолам. Вони могли перегородити дорогу, плювати на Єлисея або навіть жбурляти у нього каміння. Зрештою Єлисей прокляв їх. Вийшли дві ведмедиці з лісу і розірвали сорок двох дітей.

Звичайно, юнаки накликали на себе лихо, надто насміхаючись над Божим чоловіком, але цей випадок доводить, що Єлисей мав ворожі почуття. Тож, відповідно, він помер від хвороби. Ми бачимо, що Божі діти не повинні піддаватися на провокації. «Бо гнів людський не чинить правди Божої» (Послання Якова 1:20).

Не рватися до гніву

Що ми маємо робити, щоби не гніватися? Чи повинні ми стримувати свій гнів за допомогою самовладання? Якщо ми міцно стиснемо пружину, у ній з'явиться велика сила відскочити, і вона відскочить у ту мить, коли ми приберем руку. Те саме відбувається з гнівом. Якщо ми просто стиснемо його, ми зможемо уникнути конфлікту у цей момент, але зрештою він рано або пізно спалахне. Тому, щоби не дратуватися, ми повинні позбутися самого почуття гніву. Ми не повинні просто притискати його, але змінити гнів на добро і любов так, щоби нам не потрібно було нічого стискати.

Звичайно, ми не можемо позбутися всіх поганих почуттів за одну ніч, замінивши їх добром і любов'ю. Ми повинні постійно докладати зусиль щодня. Спочатку у провокаційній ситуації ми повинні віддати її Богові і бути терплячими. Говорять, що у монографії Томаса Джефферсона, третього президента Сполучених Штатів, було написано: «Коли гніваєтесь, порахуйте до десяти перед тим, як почнете говорити. Якщо дуже гніваєтесь – до ста». Корейське прислів'я говорить: «Тричі стерпівши, можна зупинити вбивство».

Коли ми гніваємося, ми повинні відступити і подумати, яку користь це принесе нам, якщо ми будемо гніватися. Тоді ми не будемо робити таке, про що шкодуватимемо, або таке, чого будемо соромитися. Коли ми намагатимемось бути терплячими за допомогою молитви і Святого Духу, ми скоро позбудемося лихого почуття гніву. Якщо раніше ми гнівалися десять разів, кількість зменшиться до дев'яти, потім до восьми і так далі. Пізніше, ми будемо спокійними навіть у провокаційній ситуації. Якими ж щасливими ми будемо тоді!

У Книзі Приповістей 12:16 написано: «Нерозумного гнів пізнається відразу, розумний же мовчки ховає зневагу». А у Книзі Приповістей 19:11 написано: «Розум людини припиняє гнів її, а величність її – перейти над провиною».

Гнів від небезпеки відділяє лише один крок. Ми повинні розуміти, наскільки небезпечним є гнів. Переможе той, хто стерпить. Деякі люди здатні контролювати себе у церкві у ситуації, яка здатна розізлити людину, але легко гніваються вдома, у школі або на роботі. Бог перебуває не лише у церкві.

Він знає, коли ми встаємо і коли ми лягаємо, Йому відомо кожне вимовлене нами слово, кожна наша думка. Він всюди спостерігає за нами. І Святий Дух живе у нашому серці. Тому ми повинні жити так, ніби весь час стоїмо перед Богом.

Одне подружжя сперечалося, і розлючений чоловік крикнув, щоби дружина стулила рота. Вона була настільки шокована, що більше ніколи до самої смерті не промовила жодного слова. Чоловік, який не стримався і розлютився на свою дружину, також страждав разом зі своєю дружиною. Наш гнів може змусити страждати багатьох людей, і ми повинні намагатися позбутися всіх ворожих почуттів.

9. Любов не думає лихого

Проводячи своє служіння, я зустрічаюсь з різними людьми. Деякі люди відчувають Божу любов, лише думаючи про Нього, і починають плакати, а інші люди мають хвилювання у серці, тому що глибоко не відчувають Божу любов у своєму серці, хоча вірять у Нього і люблять Його.

Те, наскільки ми відчуваємо любов Бога, залежить від того, наскільки ми позбулися гріхів і зла. В залежності від того, наскільки ми живемо за Божим Словом, і наскільки ми позбулися зла, ми можемо відчути Божу любов глибоко у своєму серці, безупинно зрощуючи свою віру. Інколи ми можемо стикатися з труднощами на своєму шляху віри, але тоді ми повинні пам'ятати любов Бога, Котрий завжди чекає на нас. Поки ми пам'ятаємо Його любов, ми не будемо думати лихого.

Що означає думати лихе

У своїй книжці «Зцілення прихованих згубних звичок» доктора Арчибальда Д. Харта, колишнього декана Школи психології у Фуллеровській богословській семінарії, написано, що один із чотирьох молодих людей в Америці перебувають у стані серйозної депресії. Цей пригнічений стан, наркотики, секс, Інтернет, надмірне вживання алкоголю і тютюнопаління руйнують життя молодих людей.

Коли наркоман припиняє вживати речовини, які змінюють свідомість, почуття і поведінка можуть залишитися, але навряд вони можуть впоратися з ними. Наркоман може перейти до іншої поганої поведінки, яка замінить хімічну речовину з мозку, яка зникла. Такою поведінкою, яка викликає призвичаєння, може бути секс, любов і стосунки (СЛС). Наркомани не можуть отримати справжнього задоволення ні від чого, так само не можуть відчути благодать і радість, які дають стосунки з Богом, а тому на думку доктора Харта вони є серйозно хворими. Згубна звичка – це намагання отримати задоволення від чогось іншого, крім благодаті і радості, які дає Бог, це результат ігнорування Бога. Наркоман в основному думає лихе.

Тож що означає думати лихе? Це думати про все погане, про те, що не відповідає Божій волі. Думки про лихе можна поділити на три види.

Перше: думати про те, щоби щось погане сталося з іншими людьми.

Наприклад, припустимо, ви посварилися з кимось. Тож ви ненавидите ту людину настільки, що думаєте: «Хоч би він впав по дорозі». Також припустимо, у вас погані стосунки із сусідом. Несподівано з ним відбулося щось неприємне. Тоді ви подумаєте: «Так йому і треба!», або «Я так і знав, що з ним таке станеться». У школі хтось може побажати, щоби його однокласник погано здав іспити.

Якщо ви маєте істинну любов, ви ніколи не думатимете лихого. Чи хотіли б ви, щоби ваші кохані захворіли або потрапили в аварію? Ви завжди бажатимете, щоби ваша кохана дружина або чоловік були завжди здоровими і ніколи не потрапляли в аварію. Оскільки ми не маємо любові у своєму серці, ми бажаємо, щоби з іншими людьми сталося щось погане, і радіємо з нещастя інших людей.

Також, не маючи любові, ми бажаємо знати про погані вчинки або слабкі сторони інших людей і розповсюджувати інформацію про них. Припустимо, ви пішли на збори, і там хтось сказав щось погане про іншу людину. Якщо вам цікава така розмова, тоді ви маєте перевірити своє серце. Якщо хтось зводитиме наклеп на ваших батьків, чи захочете ви це слухати? Ви повинні сказати, щоби вони негайно зупинилися.

Звичайно, є часи і випадки, коли ви повинні знати ситуацію інших людей, тому що бажаєте допомогти тим людям. Але якщо це не такий випадок і коли вам цікаво слухати погане про когось, це означає, що ви бажаєте лихословити і розпускати плітки. «Хто шукає любови провину ховає, хто ж про неї повторює, розгоняє друзів» (Приповісті 17:9).

Добрі люди, які мають любов у своєму серці, намагатимуться покрити провину інших людей. Також якщо ми маємо духовну любов, ми не ревнуватимемо і не заздритимемо багатству інших людей. Ми просто бажатимемо, щоби вони були багатими і щоби всі їх любили. Господь Ісус наказав, щоби ми любили навіть своїх ворогів. У Посланні до римлян 12:14 також написано: «Благословляйте тих, хто вас переслідує; благословляйте, а не проклинайте!»

Друге: мати думки, які осуджують інших.

Наприклад, припустимо, ви побачили, як віруючий іде у місце, де віруючим бути не годиться. Тоді які думки у вас виникнуть? Ви можете погано подумати про ту людину відповідно до зла, яке живе у вашому серці: «Як він може так робити?» Або якщо ви добра людина, ви можете здивуватися: «Для чого він іде туди?», але потім ви змінюєте свої думки і вважаєте, що напевно він має причину, щоби йти у те місце.

Але якщо ви маєте духовну любов у своєму серці, ви не матимете жодних лихих думок. Навіть коли ви почуєте щось не дуже гарне, ви не осуджуватимете ту людину поки двічі не перевірите факти. У більшості випадків коли батьки чують щось погане про своїх дітей, як вони реагують? Вони не приймають легко такі слова, але наполягають на тому, що їхні діти так вчинити не можуть. Вони скоріше подумають, що людина, яка говорить такі речі, погана. Так само, якщо ви дійсно любите когось, ви намагатиметесь думати про ту людину найкращим чином.

Але сьогодні є люди, які дуже легко погано думають і говорять погані речі про інших. Це відбувається між людьми не лише в особистих стосунках, вони також критикують громадських діячів.

Вони навіть не намагаються побачити повну картину того, що відбулося насправді, але незважаючи на це розповсюджують необґрунтовані чутки. Внаслідок агресивних висловлювань в Інтернеті деякі люди навіть вчиняють самогубство. Вони оцінюють і засуджують інших за власними стандартами але не за Божим Словом. Але що таке добра воля Бога?

У Посланні Якова 4:12 нам дається попередження: «Один Законодавець і Суддя, що може спасти й погубити. А ти хто такий, що осуджуєш ближнього?»

Лише Бог може дійсно судити. Тобто, Бог говорить нам, що погано засуджувати свого ближнього. Припустимо, хтось вчинив очевидно неправильно. У такому випадку для тих, хто має духовну любов, неважливо, права та людина, чи неправа у своєму вчинку. Вони думатимуть, що дійсно корисне для тієї людини. Вони лише бажають, щоби все велося добре душі тієї людини, і щоби її любив Бог.

Крім того, бездоганна любов не лише покриває провини, але також допомагає такій людині покаятися. Ми повинні також вміти навчати істині і торкатися серця тієї людини, щоби вона могла йти правильним шляхом і змінилася. Якщо ми маємо бездоганну духовну любов, ми не повинні намагатися дивитися на ту людину з добром. Ми просто бажатимемо довіряти і допомагати їй. Якщо ми не маємо думок осудження інших, ми будемо щасливими з усіма, кого би ми не зустріли.

Третє: мати думки, які не узгоджуються з волею Бога.

Не лише мати погані думати про інших людей, а також думки, які не узгоджуються з волею Бога, означає думати про лихе. У цьому світі вважається, що люди, які живуть відповідно до моральних стандартів і відповідно до совісті – добрі люди.

Але ні мораль, ані совість не можуть бути абсолютним стандартом добра. Вони також мають багато того, що суперечить або абсолютно протилежить Божому Слову. Лише Боже Слово може бути абсолютним стандартом праведності і добра.

Люди, які приймають Господа, визнають свою гріховність. Люди можуть бути всередині гордими тому що живуть праведним і морально чистим життям, але вони все ще лихі і грішні відповідно до Божого Слова. Тому що все, що не відповідає Божому Слову, – це зло і гріх, а Боже Слово – єдиний абсолютний стандарт праведності (1 Послання Івана 3:4).

Тоді у чому полягає різниця між гріхом і злом? У широкому сенсі і гріх, і зло – це неправда, яка протистоїть правді, Божому Слову. Це темрява, яка протистоїть Богові, Котрий є Світло.

Але якщо розібратися докладніше, вони досить відрізняються одне від одного. Якщо порівняти їх з деревом, «зло» – це коріння, яке перебуває в землі і якого не видно, а «гріх» – це гілки, листки і плоди.

Без коріння дерево не може мати гілок, листя і плодів. Так само гріх походить від зла. Зло – це натура, сутність людини. Така природа протистоїть праведності, любові і правді Божій. Коли це зло проявляється у якійсь формі, ми говоримо, що це гріх.

Ісус сказав: «Добра людина із доброї скарбниці серця добре виносить, а лиха із лихої виносить лихе. Бо чим серце наповнене, те говорять уста його!» (Євангеліє від Луки 6:45)

Припустимо, людина говорить таке, що ображає того, кого вона ненавидить. Саме це є прикладом того, коли зло у серці проявляється через «ненависть» і «лихі слова», тобто, у вигляді конкретних гріхів. Гріх можна зрозуміти і визначити відповідно до стандарту, яким є Боже Слово, що є заповіддю.

Без закону неможливо нікого покарати, бо не буде стандарту для винесення вироку і суду. Так само викривається гріх, оскільки він протилежить стандарту Божого Слова. Гріх можна розділити на категорії: тілесне і вчинки тіла. Тілесне – це гріхи, які вчиняються у серці і у думках: ненавість, заздрість, ревнощі, думки про перелюб, а вчинки тіла – це гріхи, вчинені у дії: сварки, напади гніву або убивство.

Так само гріхи і злочини у цьому світі розподіляються за категоріями. Наприклад, залежно від того, проти кого вчинений злочин, він може бути проти країни, людей або певної особи.

Але навіть коли людина має зло у своєму серці, не обов'язково вона вчинятиме гріхи. Якщо людина слухає Боже Слово і вміє володіти собою, вона може уникнути гріхів незважаючи на те, що матиме зло у своєму серці. На цьому етапі людина може просто задовольнятися думкою про те, що вже досягла освячення лише тому, що вона явно не грішить.

Проте, щоби стати повністю освяченою людиною, ми повинні позбутися зла, яке живе у нашій природі, яке знаходиться у глибині нашого серця. У характері людини живе зло, успадковане від її батьків. Воно не завжди проявляється у звичайних ситуаціях, але випливе на поверхню у екстремальній ситуації.

В одному корейському прислів'ї говориться: «Будь-хто перескочить через сусідський паркан, якщо не їстиме протягом трьох днів». Іншими словами: «Необхідність не визнає закону». Доки ми не освятимося повністю, зло, яке приховувалося, може розкритися в екстремальній ситуації.

Хоча екскременти мухи надто малі, вони все рівно залишаються екскрементами. Подібно до цього хоча це не гріхи, багато того, що не є бездоганним в очах бездоганного

Бога – зрештою є формами зла. Тому у 1 Посланні до солунян 5:22 написано: «Стережіться лихого в усякому вигляді!»

Бог – це любов. По суті Божі заповіді можуть вміститися в одне слово «любов». Тобто не любити – це зло і порушення закону. Тому щоби перевірити, чи не думаємо ми лихого, ми можемо подумати про те, скільки ми маємо у собі любові. В залежності від того, наскільки ми любимо Бога, ми не будемо думати лихого.

І оце Його заповідь, щоб ми вірували в Ім'я Сина Його Ісуса Христа, і щоб любили один одного, як Він нам заповідь дав! (1 Послання Івана 3:23)

Любов не чинить зла ближньому, тож любов виконання Закону (Послання до римлян 13:10).

Не думати лихого

Щоби не думати лихого, насамперед, ми повинні не бачити і не чути лихого. Навіть якщо ми побачили, або почули, ми не повинні намагатися запам'ятати або знову думати про те. Ми не повинні намагатися пам'ятати це. Звичайно, інколи ми не можемо контролювати свої думки. Якась інша, сильніша думка повинна виникати у нас, коли ми будемо намагатися не думати про погане. Але коли ми намагатимемось не мати поганих думок за допомогою молитви, Святий Дух допомагатиме нам. Ми не повинні навмисно дивитися, слухати або думати лихе, і крім того, ми повинні позбутися навіть таких думок, які миттєво спалахують у нашій голові.

Ми також не повинні брати участь у лихих справах. У 2 Посланні Івана 1:10-11 написано: «Коли хто приходить до вас, але не приносить науки цієї, не приймайте до дому його, і не вітайте його! Хто бо вітає його, той участь бере в лихих учинках його». Бог радить нам уникати зла і не приймати його.

Люди успадковують гріховну природу від своїх батьків. Живучі на цій землі, люди стикаються з багатьма проявами неправди. Засновуючись на цій гріховній природі і на неправді, людина розвиває свій власний характер або власне «я». Християнське життя існує для того, щоби ми, прийнявши Господа, позбувалися гріховної природи і неправди. Щоби позбутися гріховної природи і неправди, нам необхідно мати велике терпіння і докладати великих зусиль. Оскільки ми живемо на землі, нам більше знайома неправда, аніж правда. Порівняно легше прийняти неправду, аніж позбутися її. Наприклад, легко забруднити білу сукню чорним чорнилом, але важко видалити плями і знову зробити сукню білою.

Також незважаючи на те, що зло може здатися малим, воно за мить може стати великим. Саме як написано у Посланні Галатам 5:9: «Трохи розчини квасить усе тісто!» трохи зла може швидко поширитися і охопити багатьох людей. Тому ми повинні бути обережними навіть з невеличким злом. Щоби не думати про зло, ми повинні ненавидіти його, навіть не думаючи зайвий раз. Бог наказує нам «Хто ГОСПОДА любить, – ненавидьте зло» (Псалом 97:10), і говорить нам, що «Страх ГОСПОДНІЙ – лихе все ненавидіти» (Книга Приповістей 8:13).

Якщо ви пристрасно любите когось, вам подобатиметься все, що подобається тій людині, і не любитимете те, що не любить вона. Для цього вам не треба мати причину. Коли Божі діти, які отримали Святого Духа, грішать, Святий Дух, який живе в них, стогне. Тож у своєму серці вони страждають. Потім вони розуміють, що Бог ненавидить те, що вони зробили, і намагаються більше такого не робити. Важливо намагатися позбутися навіть малих форм зла і більше не приймати його.

Застосовуйте Боже Слово і молитву

Зло некорисне. У Книзі Приповістей 22:8 написано: «Хто сіє кривду, той жатиме лихо». Хвороби можуть прийти до нас або до наших дітей, або з нами можуть траплятися нещасливі випадки. Ми можемо жити у горі через бідність і сімейні проблеми. Зрештою всі ці проблеми походять від зла.

Не обманюйтеся, Бог осміяний бути не може. Бо що тільки людина посіє, те саме й пожне! (Посланні до галатів 6:7)

Звичайно, негаразди не спіткатимуть нас у ту ж мить. У такому випадку, коли зло навалюється поступово, воно навіть згодом може вплинути на наших дітей. Оскільки земні люди не розуміють таке правило, вони чинять багато лихого різними способами.

Наприклад, вони вважають нормальним мститися тим, хто заподіяв їм шкоду. Але у Книзі Приповістей 20:22 написано:

«Не кажи: Надолужу я зло! май надію на ГОСПОДА, і Він допоможе тобі».

Бог управляє життям, смертю, долею і нещастям відповідно до Своєї справедливості. Тому якщо ми чинимо добро відповідно до Божого Слова, ми напевно пожнемо плоди праведності. Саме як було обіцяно у Книзі Вихід 20:6, де написано: «...і що чинить милість тисячам поколінь тих, хто любить Мене, і хто держиться Моїх заповідей».

Щоби уникати зла, ми повинні ненавидіти його. І найбільше у нашому житті ми повинні мати досить Божого Слова і молитви. Якщо ми роздумуємо над Божим Словом вдень і вночі, ми можемо позбутися лихих думок, наші думки будуть духовними і праведними. Ми можемо зрозуміти, яким має бути вчинок істинної любові.

Також коли ми молимося, ми детальніше розмірковуємо над Словом, так що можемо бачити зло у своїх словах і вчинках. Коли ми палко молимося за допомогою Святого Духу, ми можемо управляти своїм серцем і позбуватися лихого. Давайте швидше позбудемося зла за допомогою Божого Слова і молитви, щоби наше життя наповнилося щастям.

10. Любов не радіє з неправди

Чим розвинутіше суспільство, тим більше можуть досягти успіху чесні люди. І навпаки, у менш розвинутих країнах більше корупції, майже все вирішується за допомогою грошей. Корупція – це хвороба всіх народів, тому що вона пов'язана з процвітанням країни. Корупція і неправедність також мають великий вплив на життя людини. Егоїстичні люди не можуть отримати справжнього задоволення, тому що думають лише про себе і не люблять інших людей.

Не радіти з неправди і не думати лихого – цілком схожі поняття. «Не думати лихого» означає не мати жодної форми зла у своєму серці. «Не радіти з неправди» означає не радіти з ганебної або безчесної поведінки, вчинків і не брати в них участь.

Припустимо, ви заздрите своєму багатому товаришеві. Ви також не любите його, тому що вам здається, що він завжди хвалиться своїм багатством. Ви також думаєте так: «Чому він такий багатий, а я – ні? Сподіваюся, він скоро збанкрутіє». Так ви думаєте лихе. Але одного дня хтось обдурить його і його компанія за день збанкрутіє. Якщо вам буде приємно про це дізнатися і ви подумаєте: «Він хвалився своїм багатством, тож так йому і треба!», тоді це означатиме, що ви радієте з неправди. Крім того, якщо ви братимете участь у цій роботі, ви активно радітимете з неправди.

Є така загальна неправда, яку навіть невіруючі вважають неправдою. Наприклад, деякі люди накопичують своє багатство нечесним шляхом, обдурюючи або залякуючи інших людей із застосуванням сили. Вони можуть порушувати правила або закони країни і приймати щось в обмін на власну вигоду. Якщо суддя приймає несправедливе рішення після отримання хабара, і при цьому карає невинну особу, всім зрозуміло, що це неправда. Це нечесне використання влади судді.

Продавець може обдурювати у масі або якості товару. Він може використовувати дешеву і низькоякісну сировину для отримання незаконної вигоди. Такі люди не думають про інших, але лише про власну короткострокову користь. Вони знають, що треба чинити правильно, але без вагань обдурюють інших, тому що радіють неправедним грошам. Насправді є багато людей, які обдурюють інших задля неправедної наживи. А як щодо нас із вами? Чи можемо ми сказати, що не маємо вад?

Припустимо, сталося дещо подібне. Ви – працівник суду по цивільним справам. Ви дізналися про те, що один з ваших близьких друзів незаконно заробляє величезну суму грошей у своєму бізнесі. Якщо його спіймають, то суворо покарають. Цей друг дає вам велику суму грошей, щоби ви мовчали і якийсь час не звертали на нього уваги. Він обіцяє пізніше вам дати ще більше грошей. У ту ж мить вашій родині відбувається непередбачений випадок, і вам стають необхідні великі гроші. Що ви будете робити?

Уявімо іншу ситуацію. Одного дня ви перевірили свій банківський рахунок, і виявилося, що на ньому більше грошей, ніж ви думали. Вам стало відомо, що сума, яка мала бути знята як податок, не була вилучена. Якою буде ваша реакція у такому випадку? Чи будете ви радіти, думаючи, що це провина банку, а не ваша відповідальність?

У 2 Книзі Хроніки 19:7 написано: «А тепер нехай буде ГОСПОДНІЙ страх на вас. Стережіться й робіть, бо нема в ГОСПОДА, Бога нашого, кривди, ані огляду на особу, ані брання дарунка». Бог праведний. В Ньому немає неправди. Ми можемо заховатися від людей, але не можемо обдурити Бога. Тому маючи страх Божий, ми повинні ходити шляхами правди і бути чесними.

Давайте розглянемо історію Аврама. Коли його племінника, котрий жив у Содомі, захопили у полон під час війни, Аврам визволив не лише свого племінника, але також всіх людей, які потрапили у полон, і їхнє майно. Цар содомський хотів подякувати, давши Авраамові деякі царські речі, але Аврам не прийняв дарунка.

Аврам же сказав цареві содомському: Я звів свою руку до ГОСПОДА, Бога Всевишнього, Творця неба й землі, що від нитки аж до ремінця сандалів я не візьму з того всього, що твоє, щоб ти не сказав: Збагатив я Аврама (Книга Буття 14:22-23).

Коли померла Сара, дружина Авраама, господар землі запропонував йому землю для поховання, але той не прийняв. Він заплатив справедливу ціну, щоби у майбутньому не виникло жодних суперечок щодо тієї землі. Він зробив так, тому що був чесною людиною. Він не хотів отримувати гроші незаслужено або здобувати неправедну вигоду. Якби він шукав грошей, він би міг робити те, що було для нього вигідне.

Люди, які люблять Бога і котрих любить Бог, ніколи не завдаватимуть шкоди нікому і не шукатимуть власної вигоди, порушуючи закон держави. Вони не очікують більше від того, що заслуговують за свою чесну роботу. Люди, які радіють з неправди, не люблять Бога і своїх ближніх.

Що таке неправда з точки зору Бога

Неправда в Господі дещо відрізняється від неправди у загальному розумінні. Це не просто порушення закону і заподіяння шкоди іншим людям, але кожен гріх проти Божого Слова. Коли зло у серці проявляється певним способом, це є гріхом, тобто неправдою. Серед багатьох гріхів неправедність особливо вважається вчинком тіла.

А саме, ненависть, заздрість, ревнощі та інші гріхи проявляються у вигляді сварок, суперечок, насильства, шахрайства або убивства. В Біблії говориться, що якщо ми чинимо неправду, нам важко буде спастися.

У 1 Посланні до коринтян 6:9-10 написано: «Хіба ви не знаєте, що неправедні не вспадкують Божого Царства? Не обманюйте себе: ні розпусники, ні ідоляни, ні перелюбники, ні блудодійники, ні мужоложники, ні злодії, ні користолюбці, ні п'яниці, ні злоріки, ні хижаки Царства Божого не вспадкують вони!»

Ахан любив неправду і це призвело до його загибелі. Він

був представником другого покоління Виходу і з дитинства він бачив і чув про те, що Бог зробив для Свого народу. Він бачив стовп хмар вдень і стовп вогню вночі, які направляли народ. Він бачив як зупинилися води повноводної ріки Йордан і як неприступне місто Єрихон зруйнувалося в мить. Він також дуже добре знав наказ Ісуса Навина про те, щоби не брати нічого із міста Єрихон, тому що все мало бути принесене у жертву Богові.

Але у мить, коли Ахан побачив речі у місті Єрихон, він втратив розум через жадібність. Після довгого життя у посушливій пустелі всі речі у тому місті здавалися надто гарними. У мить, коли він побачив прекрасний плащ, золото і срібло, він забув Боже Слово, наказ Ісуса Навина і приховав добро у себе.

Через гріх Ахана, через те, що він порушив наказ Бога, народ Ізраїльський зазнав поразки у наступній битві. Так відкрилася неправедність Ахана, тому його разом із родиною вкаменували. Поставили над ним велику камінну могилу. І назвали те місце Ахор.

Також давайте прочитаємо Книгу Числа, глави 22-24. Валаам був чоловіком, котрий спілкувався з Богом. Одного дня Балак, цар моавський, попросив його проклясти народ Ізраїлю. Тоді Бог сказав Валааму: «Не підеш ти з ними, не проклянеш того народу, бо благословенний він!» (Книга Числа 22:12)

Почувши Боже Слово Валаам відмовився виконувати наказ моавського царя. Але коли цар прислав йому золото і срібло та багато скарбів, він похитнувся. Врешті його очі були засліплені скарбами і він сказав цареві, щоби той встановив пастку народу Ізраїля. Яким був наслідок? Сини народу Ізраїля їли те, що було принесене у жертву ідолам і чинили перелюб, накликавши на себе велике горе, а Валаама пізніше було вбито мечем. То сталося в результаті любові до неправедної наживи.

Неправда безпосередньо пов'язана зі спасінням з точки зору Бога. Якщо ми бачимо, як брати і сестри за вірою чинять неправду так само як невіруючі, які живуть у цьому світі, що ми маємо робити? Звичайно, ми повинні жаліти їх, молитися за них і допомагати жити за Божим Словом. Але деякі віруючі заздрять тим людям, говорячи: «Я також хочу мати таке легке і затишне християнське життя, як вони». Крім того, якщо ви маєте з ними щось спільне, ми не можемо сказати, що ви любите Господа.

Праведний Ісус помер, щоби привести нас, неправедних, до Бога (1 Послання Петра 3:18). Зрозумівши цю велику любов Господа, ми ніколи не повинні радіти з неправди. Люди, які не радіють з неправди, не лише уникають неправедних вчинків, але активно живуть за Божим Словом. Тоді вони можуть стати друзями Господа і жити щасливо (Євангеліє від Івана 15:14).

11. Любов тішиться правдою

Іван, один з дванадцяти учнів Ісуса, врятувався від мученицької смерті і дожив до глибокої старості, поширюючи Євангеліє Ісуса Христа і Божу волю для багатьох людей. В останні роки він радів, коли чув, що віруючі намагалися жити у Божому Слові, яке є істиною.

Він говорив: «Бо я дуже зрадів, як прийшли були браття, і засвідчили правду твою, як ти живеш у правді. Я не маю більшої радости від цієї, щоб чути, що діти мої живуть у правді» (3 Послання Івана 1:3-4).

Ми бачимо, як Іван радів, читаючи такі його слова: «Я дуже зрадів». Іван був запальним, у юнацтві його навіть називали сином грому, але потім він змінився, і його стали називати апостолом любові.

Якщо ми любимо Бога, ми не будемо чинити неправду. Навпаки, ми чинитимемо лише правду. Ми також радітимемо з правди. Правда – це Ісус Христос, Євангеліє і всі 66 книжок Біблії. Люди, які люблять Бога і котрих любить Бог, обов'язково радітимуть Ісусом Христом і Євангелієм. Вони радіють, коли збільшується Боже Царство. Тоді що означає тішитися правдою?

По-перше, це тішитися «Євангелієм».

«Євангеліє» – це добра новина про те, що ми можемо спастися через Ісуса Христа і потрапити до Небесного Царства. Багато людей шукають правду, задаючи такі запитання: «У чому сенс життя? Які цінності життя?» Щоби отримати відповіді на ці запитання, вони вивчають думки різних людей і філософію, або намагаються отримати відповіді у різних релігіях. Але істина в Ісусі Христі, і ніхто не може потрапити на небеса без Ісуса Христа. Тому Ісус сказав: «Я дорога, і правда, і життя. До Отця не приходить ніхто, якщо не через Мене» (Євангеліє від Івана 14:6).

Прийнявши Ісуса Христа, ми отримали спасіння і здобули вічне життя. Ми отримали прощення гріхів завдяки крові Господа і перейшли із пекла до небес. Тепер ми розуміємо, у чому сенс життя і живемо корисним життям. Отже це природно – радіти Євангелію. Люди, які радіють Євангелію, також старанно передаватимуть його іншим. Вони виконуватимуть обов'язки, які поклав на них Бог, і вірно працюватимуть щоби розповсюджувати Євангеліє. Також вони радіють, коли душі чують Євангеліє і отримують спасіння, приймаючи Господа. Вони радіють, коли збільшується Боже Царство. «[Бог] хоче, щоб усі люди спаслися, і прийшли до пізнання правди» (1 Послання Тимофію 2:4).

Однак є деякі віруючі, які заздрять іншим, коли ті євангелізують велику кількість людей і приносять великі плоди. Деякі церкви заздрять тому, що інші церкви зростають і прославляють Бога. Тобто вони не тішаться правдою. Якщо ми маємо у своєму серці духовну любов, ми радітимемо, коли побачимо, що досягли Божого Царства. Ми радітимемо разом, коли побачимо церкву, що зростає, і яку любить Бог. Це називається тішитися правдою, тобто тішитися Євангелієм.

По-друге, тішитися правдою означає радіти всьому, що належить істині.

Радіти, коли ми бачимо, чуємо і робимо те, що належить істині: правда, любов і справедливість. Люди, які тішаться істині, зворушуються і плачуть, чуючи новини навіть про невеликі добрі справи. Вони сповідують, що Боже Слово – це істина, солодша за мед із медових стільників. Тому вони радіють, коли слухають проповіді і читають Біблію. Крім того, вони радіють, застосовуючи на практиці Боже Слово. Вони з радістю виконують Боже Слово, яке говорить нам «служити, розуміти і прощати» навіть тих, хто нас ображає.

Давид любив Бога і хотів побудувати Божий храм. Але Бог не дозволив йому. Про причину написано у 1 Книзі Хроніки 28:3: «Ти не збудуєш храма для Мого Ймення, бо ти муж воєн і кров проливав». Для Давида було неминуче проливати кров, тому що він багато воював, проте з точки зору Бога Давидові не треба було виконувати такі задачі.

Давид не міг збудувати храм самостійно, але він підготував всі будівельні матеріали, щоби його син Соломон зміг побудувати храм. Давид готував матеріали, докладаючи багато зусиль, і ця робота робила його дуже щасливим. «І радів народ за їхню жертву, бо вони жертвували ГОСПОДЕВІ з цілого серця, а також цар Давид радів великою радістю» (1 Книга Хроніки 29:9).

Так само люди, які тішаться істині, радітимуть, коли інші люди заможні. Вони не заздрять. Для них неймовірно мати погані думки, як, наприклад: «Щось погане має статися з цією людиною», або відчувати задоволення від нещастя інших людей. Коли вони помічають, що відбувається щось неправедне, вони сумують. Також люди, які тішаться істині, можуть любити, маючи праведність, незмінне серце, правду і порядність. Вони радіють, промовляючи добрі слова і роблячи добро. Бог також тішиться ними зі співом, як написано у Книзі Пророка Софонії 3:17: «ГОСПОДЬ, Бог твій, серед тебе, Велет спасе! Він у радості буде втішатись тобою, обновить любов Свою, зо співом втішатися буде тобою!»

Навіть якщо ви не можете тішитися правдою весь час, ви не повинні падати духом або розчаровуватися. Якщо ви стараєтеся, Бог любові прийме всі ваші зусилля як те, що ви «тішитеся правдою».

По-третє, тішитися правдою означає вірити Божому Слову і намагатися застосовувати його на практиці.

Дуже рідко можна знайти людину, яка би від самого початку тішилася лише правдою. Оскільки ми маємо у собі темряву і неправду, ми можемо думати про лихе або тішитися неправдою. Але коли ми змінюємося потроху і позбуваємося неправедного серця, ми можемо повністю тішитися істиною. А до того ми повинні дуже старатися.

Наприклад, не всі люди з радістю відвідують богослужіння. Нові віруючі або люди, які мають слабку віру, можуть стомлюватися, або думати під час служіння про щось інше. Їх можуть цікавити результати бейсбольних матчів, вони можуть нервуватися з приводу ділових зборів, які відбудуться завтра.

Але те, що вони прийшли у храм і взяли участь у богослужінні, – це намагання бути покірним Божому Слову.

Це називається тішитися істиною. Чому ми докладаємо саме таких зусиль? Щоби отримати спасіння і потрапити на небеса. Оскільки ми почули Слово істини і віримо в Бога, ми також віримо у те, що є суд, небеса і пекло. Знаючи, що на небесах існують різні нагороди, ми старанніше намагаємося освятитися і бути вірними в усьому Божому домі. І хоча ми можемо не на 100% тішитися істиною, якщо ми дуже старатимемося, відповідно до своєї міри віри, ми тішитимемося істиною.

Відчувати голод і бути спраглими до істини

Для нас має бути природно тішитися правдою. Лише істина дає нам вічне життя і може повністю змінити нас. Якщо ми чуємо істину, а саме, Євангеліє, і застосовуємо його на практиці, ми отримаємо вічне життя і станемо істинними Божими дітьми. Оскільки ми сповнені надією на Небесне Царство і духовну любов, наші обличчя сятимуть від радості. Також відповідно до того, наскільки ми змінилися в істину, ми будемо щасливими, тому що нас любить і благословляє Бог і також нас любить багато людей.

Ми повинні тішитися правдою постійно і до того ж ми повинні відчувати голод і бути спраглими до істини. Якщо ви зголодніли і хочете пити, ви насправді бажатимете поїсти і попити. Коли ми бажаємо істини, нам необхідно бажати цього щиро, так щоби ми могли швидко стати людиною істини. Ми повинні постійно вживати і пити істину у своєму житті. Що означає їсти і пити істину? Це означає зберігати

Боже Слово, істину, у своєму серці і застосовувати його на практиці.

Якщо ми стоїмо перед людиною, яку дуже любимо, нам важко приховати щастя на своєму обличчі. Так само ми поводимося, якщо любимо Бога. Зараз ми не можемо постати перед Богом особисто, але якщо ми щиро любимо Його, це буде видно зовні. Тобто, якщо ми просто бачимо і чуємо щось про істину, ми будемо задоволеними і щасливими. Люди, які нас оточують, не зможуть не помітити наші щасливі обличчя. Ми плакатимемо від подяки, лише думаючи про Бога і Господа. І наші серця будуть зворушені лише невеликими справами праведності.

Сльози праведності: сльози вдячності і скорботи за інші душі, перетворяться на прекрасні коштовні камені, які пізніше прикрасять домівки людей на небесах. Давайте тішитися правді, так щоби наше життя було сповнене свідоцтв про те, що нас любить Бог.

Характеристики духовної любові II

6. Любов не поводиться нечемно

7. Любов не шукає тільки свого

8. Любов не рветься до гніву

9. Любов не думає лихого

10. Любов не радіє з неправди

11. Любов тішиться правдою

12. Любов усе зносить

Коли ми приймаємо Ісуса Христа і намагаємося жити за Божим Словом, нам доводиться зносити багато чого. Ми повинні зносити ситуації, які нас обурюють. Нам також необхідно стримувати свої прагнення жити за власними бажаннями. Тому перша характеристика любові говорить, що ми повинні бути терплячими.

Бути терплячими, зносити все, означає боротися у собі з тими труднощами, які зазнає людина, коли намагається позбутися неправди зі свого серця. Слова «зносити все» мають ширше значення. Зростивши істину у своєму серці за допомогою терпіння, ми повинні зносити весь біль, який ми можемо відчувати через інших людей. Зокрема, зносити все, що не відповідає нормам духовної любові.

Ісус прийшов на цю землю, щоби спасти грішників. А як люди поставилися до Нього? Ісус чинив лише добро, однак люди насміхалися над Ним, зневажали та ігнорували. Зрештою вони розіп'яли Його. Однак Ісус зносив все і постійно підносив молитви заступництва за них. Він молився за людей, промовляючи: «Отче, відпусти їм, бо не знають, що чинять вони!» (Євангеліє від Луки 23:34)

Чим закінчилося те, що Ісус зносив все і любив всіх людей? Кожен, хто приймає Ісуса як свого власного Спасителя, тепер може отримати спасіння і стати дитиною Бога. Ми звільнилися від смерті і рухаємося у напрямку вічного життя.

У корейському прислів'ї говориться: «Відточи сокиру,

щоби зробити голку». Це означає, що за допомогою терпіння і витривалості ми можемо виконати будь-яке важке завдання. Скільки часу і зусиль знадобиться, щоби відточити сокиру так, щоби вона стала гострою голкою? Завдання здається неможливим. Тож люди можуть подумати: «Чому б тобі просто не продати сокиру, щоби купити голки?»

Але Бог з готовністю взявся виконувати таку важку працю, бо Він – господар нашого духу. Бог не поспішає гніватися і завжди терпить нас, проявляючи милість і доброзичливість лише тому що любить нас. Він обтісує людей незважаючи на те, що їхні серця тверді, наче сталь. Він чекає, щоби всі стали Його справжніми дітьми, незважаючи на те, що жоден з нас, здається, не має жодного шансу стати такою дитиною.

> *Він очеретини надломленої не доломить, і ґнота догасаючого не погасить, поки не допровадить присуду до перемоги... (Євангеліє від Матвія 12:20).*

Навіть сьогодні Бог терпить біль, коли бачить вчинки людей, і з радістю чекає на нас. Він був терплячим до людей, чекаючи, щоби вони змінилися за допомогою праведності незважаючи на те, що вони чинили зло протягом тисяч років. І хоча люди повернулися спиною до Бога і служили ідолам, Бог показав їм, що Він істинний Бог, і з вірою терпів їх. Якби Бог сказав: «Ви сповнені неправди, ви безнадійні. Я більше не можу терпіти вас», тоді скільки людей могло би спастись?

Як написано у Книзі Пророка Єремії 31:3: «Здалека Господь з'явився мені та й промовив: Я вічним коханням тебе покохав, тому милість тобі виявляю!» Бог веде нас за допомогою Своєї вічної, безмежної любові.

Виконуючи своє служіння пастора великої церкви, я якоюсь мірою зміг зрозуміти таке терпіння Бога. Були люди, які чинили багато зла і мали багато вад. Але маючи серце Бога, я завжди дивився на них очима віри, сподіваючись, що вони колись зміняться і прославлять Бога. Оскільки я неодноразово ставився до них із терпінням і вірив у них, багато членів церкви виросли і стали гарними лідерами.

Я швидко забув часи, коли мені доводилося терпіти їх, ніби то була якась мить. У 2 Посланні Петра 3:8 написано: «Нехай же одне це не буде заховане від вас, улюблені, що в Господа один день немов тисяча років, а тисяча років немов один день!» Тепер я розумію, що означає цей вірш. Бог зносить все дуже довго, однак вважає той час лише миттю. Давайте зрозуміємо цю Божу любов, давайте мати таку саму любов, щоби любити всіх, хто нас оточує.

13. Любов вірить у все

Якщо ви дійсно когось любите, ви віритимете тій людині в усьому. Навіть якщо та людина має якісь вади, ви все рівно намагатиметесь вірити їй. Чоловік і дружина зв'язані один з одним узами любові. Якщо подружжя не має любові, це означає, що вони не довіряють одне одному, тому вони сваряться з приводу всього і сумніваються в усьому, що стосується їхнього партнера. У серйозних випадках вони підозрюють одне одного у подружній невірності, завдаючи одне одному фізичного і психічного болю. Якщо вони дійсно люблять одне одного, вони довірятимуть одне одному повністю і віритимуть у те, що чоловік, або дружина – гарна людина, і зрештою їхні стосунки налагодяться. Тоді, відповідно до їхньої віри, їхній чоловік або дружина стануть прекрасними у своєму полі діяльності або успішними в усьому.

Довіра і віра можуть бути нормою для вимірювання сили любові. Тому мати абсолютну віру в Бога означає абсолютно любити Його. Авраама, батька віри, було названо другом Бога. Без жодних сумнівів Авраам послухався Бога, Котрий наказав йому принести у жертву свого єдиного сина Ісака. Він міг таке зробити, тому що мав абсолютну віру в Бога. Бог бачив віру Авраама і визнав його любов.

Любити значить вірити. Люди, які абсолютно люблять Бога, також абсолютно віритимуть у Нього. Вони на 100 % віритимуть всім Його словам. І тому що вони вірять всьому, вони терпітимуть все. Щоби зносити все, що суперечить любові, ми повинні вірити. Тобто, лише коли ми віримо всім словам Бога, ми можемо надіятися на все і обрізати своє серце, щоби позбутися всього, що суперечить любові.

Звичайно, якщо говорити точніше, ми віримо в Бога не тому, що любили Його від самого початку. Бог спершу полюбив нас. Повіривши у це, ми полюбили Бога. Як Бог полюбив нас? Він не шкодуючи віддав Свого єдиного Сина за нас, грішників, щоби відкрити шлях для нашого спасіння.

Спочатку ми полюбили Бога, повіривши у той факт, але якщо ми зрощуватимемо духовну любов, ми досягнемо рівня, коли будемо мати абсолютну віру, тому що любимо. Для зрощення духовної любові необхідно викинути всю неправду зі свого серця. Якщо ми не маємо неправди у своєму серці, ми отримаємо згори духовну віру, за допомогою якої ми віритимемо від щирого серця. Тоді ми ніколи не будемо сумніватися у Божому Слові, і наша віра в Бога ніколи не похитнеться. Також якщо ми зрощуємо абсолютну духовну любов, ми будемо вірити всім. Це не тому що люди заслуговують на довіру, але навіть тоді, коли вони сповнені беззаконня і мають багато недоліків, ми дивимося на них очима віри.

Ми повинні бути готовими повірити кожній людині. Ми повинні вірити також у самих себе. Незважаючи на те, що ми маємо багато недоліків, ми повинні вірити в Бога, Котрий змінить нас, і ми повинні подивитися на себе очима віри, сподіваючись на подальші зміни у собі. Святий Дух завжди звертається до нас у нашому серці: «Ти можеш це зробити. Це допоможе тобі». Якщо ви віритимете у цю любов і сповідуватимете: «Я стану краще, я можу змінитися», тоді Бог вдосконалить її відповідно до вашого визнання і віри. Вірити – чудово!

Бог також вірить в нас. Він вірив у те, що кожен з нас дізнається про Божу любов і обере шлях спасіння. Оскільки Він дивився на всіх нас очима віри, Він не шкодуючи приніс у жертву на хресті Свого єдиного Сина Ісуса. Бог вірить, що навіть люди, які ще не знають Бога і не повірили у Господа, спасуться і будуть разом з Богом. Він вірить, що люди, які вже прийняли Господа, перетворяться на дітей, які дуже схожі на Бога. Давайте будемо вірити в усіх людей, маючи таку Божу любов.

14. Любов сподівається всього

Говорять, що на одному з могильних каменів у Вестмінстерському абатстві у Великобританії написані такі слова: «У молодості я хотів змінити світ, але не зміг. Ставши дорослим я намагався змінити свою сім'ю, але не зміг. Лише перед смертю я зрозумів, що міг змінити все, якби змінився сам».

Звичайно люди намагаються змінити інших людей, якщо їм щось в них не подобається. Але змінити інших людей майже неможливо. Деякі подружжя сперечаються з приводу таких банальних питань, як видавлювання зубної пасти з верхівки, або з дна. Перед тим, як намагатися змінити інших людей, ми повинні змінитися самі. А тоді з любов'ю до них ми можемо чекати, коли інші зміняться, по-справжньому сподіваючись, що такі зміни відбудуться.

Сподіватися всього означає прагнути і чекати, щоби все, у що ви вірите, здійснилося. Тобто, якщо ми любимо Бога, ми будемо вірити кожному Божому Слову і сподіватися, що все відбудеться відповідно до Його Слова. Ви сподіваєтеся на часи, коли ви будете ділитися своєю любов'ю з Богом-Отцем вічно у прекрасному Небесному Царстві. Тому ви зносите все, беручи участь у перегонах віри. А якби не було надії?

Люди, які не вірять в Бога, не можуть сподіватися на Небесне Царство. Тому вони просто живуть за власними бажаннями, тому що не мають надії на майбутнє. Вони намагаються здобути більше речей і щосили стараються задовольнити свою пожадливість. Але незалежно від того, скільки вони мають і чим насолоджуються, вони не можуть отримати справжнього задоволення. Вони бояться майбутнього.

З іншого боку, люди, які вірять в Бога, сподіваються всього, тож обирають вузький шлях. Чому ми називаємо цей шлях вузьким? Він вузький з точки зору людей, які не вірять в Бога. Коли ми приймаємо Ісуса Христа і стаємо Божими дітьми, ми всю неділю перебуваємо у церкві, на богослужіннях, не маючи жодних мирських розваг. Ми працюємо для Божого Царства виконуючи добровільну роботу і молячись, щоби жити за Божим Словом. Це важко робити без віри, і тому ми говоримо, що це вузький шлях.

У 1 Посланні до коринтян 15:19 апостол Павло говорить: «Коли ми надіємося на Христа тільки в цьому житті, то ми найнещасніші від усіх людей!» Із мирської точки зору життя, коли ми маємо терпіти і важко працювати, це здається тяжким. Але якщо ми сподіваємося всього, такий шлях щасливіший від усіх інших. Якщо ми перебуваємо поряд з тими, кого сильно любимо, ми будемо щасливими навіть у занедбаному будинку. Але ми дуже щасливі, бо знаємо, що житимемо вічно зі своїм дорогим Господом на небесах. Ми схвильовані і щасливі лише від цієї думки. Так, маючи істинну любов, ми незмінно чекаємо і сподіваємося, доки не виповниться все, у що ми віримо.

Сподіватися всього з вірою – це велика сила. Наприклад, припустимо, хтось із ваших дітей збився зі шляху і зовсім не бажає вчитися. Навіть така дитина, якщо ви вірите в неї, говорячи, що вона може це зробити і дивитеся на неї з надією на зміни, у будь-яку мить може стати гарною дитиною. Віра батьків у дітей стимулює вдосконалення і самовпевненість дітей. Діти, які мають впевненість у собі, вірять у те, що можуть зробити будь-що. Вони зможуть подолати труднощі, і таке ставлення насправді впливає на їхню успішність.

Те саме відбувається, коли ми піклуємося про душі людей у церкві. За жодних обставин ми не повинні робити висновок щодо людини. Ми не повинні сумувати, думаючи: «Здається, цій людині дуже важко змінитися», або «вона залишилася такою, якою була». Ми повинні дивитися на всіх очима повними надії, що вони скоро зміняться і розтануть під дією Божої любові. Ми повинні продовжувати молитися за них, підбадьорювати і вірити, говорячи: «Ти можеш це зробити!»

15. Любов усе терпить

У 1 Посланні до коринтян 13:7 написано: «[Любов] усе зносить, вірить у все, сподівається всього, усе терпить!» Якщо ви любите, ви можете стерпіти все. Тож що таке «терпіти»? Коли ми терпимо все, що не погоджується з любов'ю, стануться певні наслідки. Коли на морі або озері дує вітер, виникають хвилі. Навіть коли вітер вщухає, ще залишаються певні брижі. Навіть якщо ми терпимо все, це просто не закінчиться, коли ми зноситимемо все. Відбудуться певні наслідки.

Наприклад, в Євангелії від Матвія 5:39 Ісус промовив: «А Я вам кажу не противитись злому. І коли вдарить тебе хто у праву щоку твою, підстав йому й другу». Як написано, навіть якщо вас вдарять у праву щоку, ви не повинні відповідати тим же, але терпіти. Невже це кінець? Ні, будуть наслідки. Ви відчуєте біль. Ваша щока болітиме, але біль у серці буде ще більшим. Звичайно, серце людей болить внаслідок різних причин. Деякі люди відчувають біль у серці тому що вважають, що їх вдарили без причини, і через це вони сердяться. Серце інших болить тому що вони шкодують, що розлютили іншу людину. Деякі люди засмучені, коли бачать брата, який не може стриматися, і виражає свою нестриманість фізично, а не конструктивно або належним чином.

Внаслідок терпіння у когось можуть також виникнути

зовнішні обставини. Наприклад, хтось вдарив вас у праву щоку. Тож ви підставили іншу відповідно до Слова. Тоді вас вдарили і в ліву щоку. Ви терпите, бо так написано у Слові. Але цим все не завершується і, здається, погіршується.

Так сталося з Даниїлом. Він не пішов на компроміс, знаючи, що його вкинуть у лев'ячий рів. Оскільки він любив Бога, він ніколи не переставав молитися навіть у ситуаціях, коли була загроза життю. Також він не чинив зла тим, хто намагався вбити його. То чи змінилося все на краще для нього, оскільки він зносив все відповідно до Божого Слова? Ні. Його вкинули у лев'ячий рів!

Ми можемо подумати, що всі випробування закінчаться, якщо ми терпітимемо все, що не керується любов'ю. Тож чому досі виникають випробування? Божий план полягає у тому, щоби зробити нас бездоганними і дати нам дивовижні благословення. Поля принесуть здоровий і сильний врожай, коли витерплять дощ, вітер і пекуче сонце. План Бога полягає у тому, щоби ми, пройшовши випробування, стали істинними Божими дітьми.

Випробування і благословення

Ворог, сатана і диявол, руйнує життя Божих дітей, коли вони намагаються жити у Світлі. Сатана завжди намагається знайти всі можливі підстави, щоби звинуватити людей, і якщо вони навіть трохи схиблять, сатана обвинуватить їх. Можна навести приклад, коли хтось чинить вам зло, а ви терпите зовні, але всередині маєте ворожі почуття. Ворог, сатана і диявол, знає це і звинувачує вас за ті почуття. Тоді Бог повинен дозволити виповнитися випробуванням відповідно до обвинувачення. Доки не буде визнано, що ми не маємо зла у серці, відбуватимуться випробування, які називаються «випробування для очищення». Звичайно, випробування можуть відбуватися навіть навіть після того, як ми позбудемося всіх гріхів і повністю освятимося. Таке випробування дозволяється, щоби дати нам більші благословення. Пройшовши їх, ми не просто залишаємося на рівні, коли ми не маємо зла, але коли зрощуємо більшу любов і бездоганнішу праведність, без плями і вади.

Це стосується не лише особистих благословень. Такий саме принцип застосовується, коли ми намагаємося досягти Божого Царства. Щоби Бог являв могутні справи, наша віра повинна відповідати мірі правди. Являючи міцну віру і справи любові, ми повинні доводити, що ми маємо посуд щоби отримувати відповіді, щоби нам не міг протистояти ворог-диявол.

Тому інколи Бог допускає, щоби ми піддавались випробуванню. Якщо ми терпимо, маючи лише праведність і любов, Бог дозволить нам прославити Його ще більше великою перемогою і дасть нам більші нагороди. Особливо якщо ви долаєте гоніння і труднощі заради Господа, ви напевно отримаєте великі благословення. «Блаженні ви, як ганьбити та гнати вас будуть, і будуть облудно на вас наговорювати всяке слово лихе ради Мене. Радійте та веселіться, нагорода бо ваша велика на небесах! Бо так гнали й пророків, що були перед вами» (Євангеліє від Матвія 5:11-12).

Усе зносити, вірити у все, сподіватися всього і все терпіти

Якщо ви вірите всьому і сподіваєтеся на все з любов'ю, ви можете подолати будь-які випробування. Тоді як саме ми повинні зносити, надіятися і терпіти все?

По-перше, ми повинні до кінця вірити у Божу любов, навіть під час випробувань.

У 1 Посланні Петра 1:7 написано: «...щоб досвідчення вашої віри було дорогоцінніше за золото, яке гине, хоч і огнем випробовується, на похвалу, і честь, і славу при з'явленні Ісуса Христа». Він очищає нас щоби ми мали якості, щоби ми насолоджувалися прославлянням, славою і пошаною коли наше життя скінчиться на цій землі.

Також якщо ми повністю живемо відповідно до Божого Слова, не йдучи на компроміс із цим світом, у нас можуть траплятися випадки, коли нас спіткатимуть несправедливі страждання. Кожного разу ми повинні вірити у те, що отримуємо особливу любов Бога. Тоді замість того, щоби засмучуватися, ми будемо вдячні тому, що Бог веде нас до найкращих небесних осель на небесах. Ми також повинні вірити у любов Бога. Вірити до кінця. Під час випробувань віри ви можете відчувати біль або страждання.

Якщо біль сильний і триває довгий час, ви подумаєте: «Чому Бог не допомагає мені? Невже Він більше мене не любить?» Але ми повинні ще більше згадувати Божу любов і терпіти випробування. Ми повинні вірити, що Бог-Отець бажає привести нас у кращі небесні оселі, тому що любить нас. Якщо ми стерпимо все до кінця, ми зрештою станемо бездоганними Божими дітьми. «А терпеливість нехай має чин досконалий, щоб ви досконалі та бездоганні були, і недостачі ні в чому не мали» (Послання Якова 1:4).

По-друге, щоби терпіти все, ми повинні вірити у те, що випробування – це скорочений шлях до здійснення наших сподівань.

У Посланні до римлян 5:3-4 написано: «І не тільки нею, але й хвалимося в утисках, знаючи, що утиски приносять терпеливість, а терпеливість досвід, а досвід надію». Утиски – це ніби скорочений шлях для здійснення наших сподівань. Ви можете запитати: «Коли ж я зміниюся?» Але якщо ви терпітимете і продовжуватимете мінятися, ви зрештою потроху станете істинною і бездоганною дитиною Бога і станете схожими на Нього.

Тому коли прийдуть випробування, ви не повинні уникати їх, але намагатися пройти їх, доклавши найбільших зусиль. Звичайно, людина за своєю природою і природними бажаннями обирає найлегший шлях. Але якщо ми спробуємо утекти від випробувань, цей шлях стане ще довшим. Наприклад, є людина, яка, здається, постійно і в усьому знущається над вами. Ви відкрито це не показуєте зовні, але кожного разу, коли зустрічаєтесь з нею, відчуваєте себе незручно. Тож ви лише бажаєте уникнути її. При цьому ви не повинні уникати такої ситуації, але активно долати труднощі. Ви повинні терпіти труднощі, які приносить вам та людина, і зрощувати своє серце, щоби дійсно зрозуміти і простити ту людину. Тоді Бог дасть вам благодать, і ви поміняєтесь. Так само кожне випробування буде для вас трампліном і скороченим шляхом для справдження ваших сподівань.

По-третє, щоби терпіти все, ми повинні чинити лише добро.

Поставши перед наслідками, навіть витерпівши все відповідно до Божого Слова, звичайно люди нарікають на Бога. Вони говорять: «Чому ситуація не змінилася навіть коли я все чинив відповідно до Слова?» Всі випробування віри походять від ворога, диявола і сатани. Тобто випробування і негаразди – це боротьба добра і зла.

Щоби отримати перемогу у духовній боротьбі, ми повинні битися відповідно до законів духовного царства. Закон духовного царства полягає у тому, що добро зрештою перемагає. У Посланні до римлян 12:21 написано: «Не будь переможений злом, але перемагай зло добром!» Якщо ми діємо праведно, може здатися, що ми програємо, але насправді все навпаки. Тому що Божа справедливість і правда управляє долею, недолею, життям і смертю всього людства. Отже коли нас спіткають випробування, негаразди і переслідування, ми повинні чинити лише правду.

У деяких випадках є віруючі, які зазнають гонінь з боку своїх невіруючих родичів. У такому випадку віруючі можуть подумати: «Чому мій чоловік такий лихий? Чому моя дружина така лиха?» Але потім випробування стають ще більшими і продовжуються ще довше. Що таке праведність у такій ситуації? Ви повинні молитися з любов'ю і служити у Господі. Ви повинні стати світлом, яке яскраво світить для вашої родини.

Якщо ви чинитимете рідним лише добро, Бог виконає Свою справу у найдоречніший час. Він прожене ворога, сатану і диявола, і зворушить серце членів вашої родини. Всі проблеми вирішаться, коли ви діятимете праведно відповідно до Божих законів. Найсильніша зброя у духовній боротьбі полягає не у людській силі або мудрості, а у правді Божій. Тому давайте терпіти у правді і чинити лише добрі справи.

Чи є поряд з вами людина, з якою вам важко бути, або яку вам важко терпіти? Деякі люди постійно помиляються, завдають шкоди і труднощів іншим людям. Деякі багато скаржаться і навіть сердяться через дрібниці. Але якщо ви зростите у собі істинну любов, ви зможете витерпіти будь-кого. Тому що ви любитимете всіх, як самого себе, саме як Ісус наказував нам любити своїх ближніх як самих себе (Євангеліє від Матвія 22:39).

Бог-Отець також розуміє і терпить нас. Доки ви не

зростите таку любов у собі, ви житимете наче перлинниця. Коли сторонній предмет, пісок, морська водорость або частинка шкаралупи потрапляє між черепашкою і тілом молюску, він перетворюється на дорогоцінну перлину! Таким же чином якщо ми зрощуємо духовну любов, ми пройдемо крізь брами-перлини у Новий Єрусалим, де знаходиться престол Бога.

Лише уявіть час, коли ви пройдете брами-перлини і згадаєте своє минуле на цій землі. Ми повинні сказати Богові-Отцю: «Дякую за те, що зносив, вірив, сподівався і терпів мене», тому що Він зробив наші серця такими ж прекрасними, як перлини.

Характеристики духовної любові III

12. Любов усе зносить

13. Любов вірить у все

14. Любов сподівається всього

15. Любов усе терпить

Бездоганна любов

«Ніколи любов не перестає! Хоч пророцтва й існують, та припиняться, хоч мови існують, замовкнуть, хоч існує знання, та скасується. Бо ми знаємо частинно, і пророкуємо частинно; коли ж досконале настане, тоді зупиниться те, що частинне. Коли я дитиною був, то я говорив, як дитина, як дитина я думав, розумів, як дитина. Коли ж мужем я став, то відкинув дитяче. Отож, тепер бачимо ми ніби у дзеркалі, у загадці, але потім обличчям в обличчя; тепер розумію частинно, а потім пізнаю, як і пізнаний я. А тепер залишаються віра, надія, любов, оці три. А найбільша між ними любов!»

1 Послання до коринтян 13:8-13

Яку одну річ ви би взяли з собою на небеса, якби могли? Золото? Брильянти? Гроші? Все це непотрібне на небесах. На небесах дороги, по яким ви ходитимете, вироблені з чистого золота. Те, що підготував для нас Бог-Отець у небесних оселях, дуже прекрасне і дорогоцінне. Бог розуміє наші серця і готує для нас найкраще, докладаючи всіх Своїх зусиль. Але існує дещо одне, що ми можемо взяти з цієї землі і що також цінне на небесах. Це любов. Любов, яка зрощується у нашому серці доки ми живемо на цій землі.

Любов також потрібна не небесах

Коли зрощення людства завершиться і ми потрапимо до Небесного Царства, все, що є на цій землі, зникне (Книга Об'явлення 21:1). У Псалмі 103:15 написано: «Чоловік – як трава дні його, немов цвіт польовий – так цвіте він». Навіть такі невідчутні на дотик речі, як багатство, слава і влада також зникнуть. Всі гріхи і темрява, як ненависть, сварки, заздрість і ревнощі зникнуть.

Але у 1 Посланні до коринтян 13:8-10 написано: «Ніколи любов не перестає! Хоч пророцтва й існують, та припиняться, хоч мови існують, замовкнуть, хоч існує знання, та скасується. Бо ми знаємо частинно, і пророкуємо частинно; коли ж досконале настане, тоді зупиниться те, що частинне».

Дари пророкування, мов і знання у Бозі – це духовне, тож чому вони припиняться? Небеса знаходяться у духовному царстві. Це бездоганне місце. На небесах наше знання буде досконалим. Незважаючи на те, що ми спілкуємося з Богом безпосепредньо і пророкуємо, це абсолютно відрізняється від того, яке ми матимемо розуміння у небесному царстві у майбутньому. Тоді ми чітко розумітимемо серце Бога-Отця і Господа, тому пророцтва будуть вже непотрібними.

Те саме стосується мов. Тут слово «мови» означають різні мови. Сьогодні на землі існує дуже багато різних мов. Тому щоби розмовляти з людьми, які говорять іншими мовами, ми повинні вивчити їхні мови. Через культурні відмінності ми повинні витрачати багато часу і зусиль, щоби ділитися своїм серцем і думками. Навіть якщо ми говоримо однією мовою, ми не можемо повністю розуміти серця і думки інших людей. Навіть якщо ми говоримо вільно і дуже старанно, нам буває важко передати свої почуття і думки на 100%. Через слова, які ми промовляємо, ми можемо мати непорозуміння і сварки. Також у словах існує багато помилок.

Але коли ми потрапимо на небеса, ми не повинні турбуватися про це. На небесах існуватиме лише одна мова. Тож не буде необхідності турбуватися про те, що ви не розумітимете інших. Оскільки добре серце передається у неприкрашеному вигляді, не може бути жодних непорозумінь або упереджень.

Те саме стосується знання. Тут слово «знання» означає знання Божого Слова. Коли ми живемо на цій землі, ми старанно вивчаємо Боже Слово. Вивчаючи 66 книжок Біблії, ми дізнаємося про те, як нам можна отримати спасіння і отримати вічне життя. Ми дізнаємося про Божу волю, але це лише частина Божої волі про те, що нам треба робити, щоби потрапити на небеса.

Наприклад, ми чуємо, вивчаємо і застосовуємо на практиці такі слова: «Любіть один одного», «Не заздріть, не ревнуйте» та інші. Але на небесах існує лише одна любов, тому там не потрібні такі знання. Незважаючи на те, що все це духовне, наприкінці навіть пророцтва, різні мови і знання зникнуть. Тому що вони необхідні лише тимчасово у цьому фізичному світі.

Тому важливо знати Слово істини, знати про небеса, але важливіше зрощувати любов. В залежності від того, наскільки ми обрізаємо своє серце і зрощуємо любов, ми можемо потрапити у кращу небесну оселю.

Вічна цінність любові

Пригадайте свою першу любов. Якою щасливою людиною ви були! Ми говоримо, що засліплені любов'ю, коли ми дійсно кохаємо когось, ми бачимо лише гарні якості тієї людини, і все навкруги здається прекрасним. Здається, що сонце світить яскравіше, і ми відчуваємо аромат повітря. Існують лабораторні дослідження, які повідомляють, що відділи мозку, які відповідають за контроль над негативними думками і критикою, менш активні у закоханих людей. Так само, якщо ваше серце сповнене Божої любові, ви такі щасливі, що навіть можете не їсти. На небесах така радість триватиме вічно.

Наше життя на цій землі схоже на життя дитини у

порівнянні з тим, яке ми матимемо на небесах. Дитина, яка лише починає говорити, може сказати лише пару простих слів: «мама» і «тато». Вона не може висловити багато чого докладно і конкретно. Також діти не розуміють складних речей, які існують у світі дорослих. Діти говорять, розуміють і думають в межах своїх дитячих знань і можливостей. Вони не мають належної уявлення про цінність грошей, тому якщо їм дати монету і банкноту, вони безумовно оберуть монету. Бо вони знають, що монети мають ціну, бо вони купляли на них цукерки або фруктовий лід, а цінність банкнот їм невідома.

Це можна порівняти з нашим розумінням про небеса, коли ми живемо на цій землі. Ми знаємо, що небеса – це прекрасне місце, але важко описати, яким саме прекрасним місцем вони є. У Небесному Царстві немає меж, тому краса може бути висловлена у найповнішій мірі. Коли ми потрапимо на небеса, ми також зможемо зрозуміти безмежне і незбагненне духовне царство, а також закони, за якими все діє. Про це написано у 1 Посланні до коринтян 13:11: «Коли я дитиною був, то я говорив, як дитина, як дитина я думав, розумів, як дитина. Коли ж мужем я став, то відкинув дитяче».

У Небесному Царстві немає темряви, тривог і турбот. Там існують лише добро і любов. Тож ми можемо висловлювати свою любов і служити один одному скільки завгодно. Таким чином, фізичний світ і духовне царство повністю відрізняються одне від одного. Звичайно, навіть на цій землі розуміння людей надто відрізняється, також відрізняються їхні думки відповідно до міри віри кожного.

У 2 главі 1 Послання Івана кожний рівень віри порівнюється з малими дітьми, дітьми, юнаками і батьками. Люди, які перебувають на рівні віри діточок або дітей, подібні до дітей у дусі. Вони насправді не розуміють глибокі духовні речі. Вони мають мало сили застосовувати Слово на практиці. Але коли вони стають юнаками і батьками, їхні слова, думки і справи стають іншими. Вони краще вміють застосовувати Боже Слово на практиці і можуть перемогти у боротьбі проти сили темряви. Але хоча ми досягли віри батьків на цій землі, ми можемо сказати, що ми ще досі як діти у порівнянні з часом, коли ми увійдемо до Небесного Царства.

Ми відчуємо бездоганну любов

Дитинство – це час підготовки до дорослого життя. Так само життя на цій землі – це підготовка до вічного життя. Цей світ – це лише тінь у порівнянні з вічним Небесним Царством. Він мине швидко. Тінь – це не справжня істота. Інакше кажучи, вона не дійсна. Це лише образ, схожий на справжню істоту.

Цар Давид прославив ГОСПОДА перед усім зібранням, промовивши: «Бо ми приходьки перед лицем Твоїм та чужинці, як усі наші батьки! Наші дні на землі мов та тінь, і немає тривалого!» (1 Книга Хроніки 29:15)

Коли ми дивимося на тінь від чогось, ми можемо зрозуміти загальний обрис предмета. Цей фізичний світ також схожий на тінь, яка дає нам стисле уявлення про вічний світ. Коли тінь, яким є життя на цій землі, зникне, ясно відкриється справжня сутність. А тепер ми знаємо про духовне царство лише невиразно і тьмяно, ніби дивимося у дзеркало. Але коли ми потрапимо у Небесне Царство, ми зрозуміємо чітко, обличчям до обличчя.

У 1 Посланні до коринтян 13:12 написано: «Отож, тепер бачимо ми ніби у дзеркалі, у загадці, але потім обличчям в обличчя; тепер розумію частинно, а потім пізнаю, як і пізнаний я». Апостол Павло написав цю главу любові близько 2 000 років тому. Дзеркала у той час були не такими ясними, як сучасні дзеркала. Вони виготовлялися не зі скла. Вони шліфували срібло, бронзу або сталь і полірували метал так, щоби він відбивав світло. Тому дзеркала були тьмяними. Звичайно, деякі люди бачать і відчувають Небесне Царство яскравіше, маючи духовні очі, які в них відкриті. Однак ми лише неясно можемо відчути красу і щастя небес.

Коли ми пізніше увійдемо у вічне Небесне Царство, ми чітко побачимо всі подробиці царства і безпосередньо відчуємо його. Ми дізнаємося про велич, могутність і красу Бога, які неможливо описати словами.

Любов найбільша між вірою, надією і любов'ю

Віра і надія дуже важливі для росту нашої віри. Ми можемо отримати спасіння і потрапити на небеса лише якщо будемо мати віру. Ми можемо стати Божими дітьми лише маючи віру. Оскільки ми можемо отримати спасіння, вічне життя і Небесне Царство лише маючи віру, віра для нас дуже дорогоцінна. Дорогоцінішим від усіх скарбів є віра. Віра – це ключ до отримання відповідей на наші молитви.

А як щодо надії? Надія також дорогоцінна. Маючи надію, ми оволодіємо кращими небесними оселями. Тому якщо ми маємо віру, ми безумовно матимемо надію. Якщо ми твердо віримо в Бога, небеса і пекло, ми матимемо надію на небеса. Також якщо ми маємо надію, ми намагатимемось стати освяченими і вірно працювати для Божого Царства. Віра і надія – обов'язкові доки ми не досягнемо Небесного Царства. Але у 1 Посланні до коринтян 13:12 написано, що любов серед них найбільша. Чому?

По-перше, віра і надія нам потрібні лише протягом нашого життя на цій землі, і лише духовна любов перебуває у Небесному Царстві.

На небесах нам не треба буде вірити у щось, не бачачи його, або надіятися на щось, тому що все буде там перед нашими очима. Припустимо, ви когось дуже любите. Ви не бачились цілий тиждень або більше, десять років. Наші емоції будуть глибшими і більшими, коли ми зустрінемося через десять років. Але після того, як ми зустрінемося з людиною, за якою сумували протягом десяти років, чи будемо ми досі за нею сумувати?

Те саме можна сказати про наше християнське життя. Якщо ми дійсно маємо віру і любимо Бога, з часом наша надія зростатиме, а віра ставатиме міцнішою. З часом ми любитимемо Бога ще більше, ще ніжніше. Люди, які надіються на небеса таким чином, не скажуть, що це важко, хоча вони обрали вузький шлях на цій землі, і на них не впливають жодні спокуси. А коли ми досягнемо свого кінцевого призначення, Небесного Царства, нам вже більше не потрібна буде віра і надія. Але любов вічно буде на небесах. Тому в Біблії говориться про те, що любов найбільша.

По-друге, ми можемо захопити небеса силою, але без любові ми не зможемо потрапити до найпрекраснішої небесної оселі, Нового Єрусалиму.

Ми можемо силою схопити Небесне Царство в залежності від того, як ми діємо з вірою і надією. В залежності від того, наскільки ми живемо за Божим Словом, позбуваємося гріхів і зрощуємо прекрасне серце, ми отримаємо духовну віру. І в залежності від міри цієї духовної віри ми отримаємо різні небесні оселі: рай, Перше Небесне Царство, Друге Небесне Царство, Третє Небесне Царство і Новий Єрусалим.

Рай для тих, хто має віру лише щоби отримати спасіння, прийнявши Ісуса Христа. Це означає, що ці люди, нічого не зробили для Божого Царства. Перше Небесне Царство для тих, хто намагався жити за Божим Словом після того, як Прийняв Ісуса Христа. Це місце набагато прекрасніше, ніж рай. Друге Небесне Царство для людей, які жили відповідно до Божого Слова, маючи любов до Бога, і хто був вірний Божому Царству. Третє Небесне Царство для тих, хто любить Бога понад усе, позбувся всіх форм зла, щоби стати освяченою людиною. Новий Єрусалим для тих людей, які мають віру, яка догоджає Богові, і були вірними в усьому Божому домі.

Новий Єрусалим – це небесна оселя, яку отримають такі Божі діти, які зростили бездоганну любов з вірою, які являють собою кристалоїд любові. Насправді жоден окрім Ісуса Христа, єдиного Сина Бога, не має таких якостей, щоби потрапити до Нового Єрусалиму. Але ми, живі істоти і створіння, також можемо мати право увійти туди, якщо виправдаємося дорогоцінною кров'ю Ісуса Христа і отримаємо досконалу віру.

Щоби ми були схожими на Господа і жили у Новому Єрусалимі, ми повинні прямувати шляхом Господа. Таким шляхом є любов. Лише маючи таку любов, ми можемо принести дев'ять плодів Святого Духу і Заповідей блаженства, щоби бути достойними Божими дітьми, схожими на Господа. Відколи ми досягнемо характеристик істинних Божих дітей, ми отримаємо все, про що просимо, на цій землі і матимемо перевагу вічно ходити з Господом на небесах. Тому ми можемо потрапити на небеса, якщо маємо віру, і можемо позбутися гріхів, коли маємо надію. Тому віра і надія, звичайно, необхідні, але любов – найбільша. Тому що ми можемо потрапити до Нового Єрусалиму лише якщо матимемо любов.

«Не будьте винні нікому нічого, крім того, щоб любити один одного. Бо хто іншого любить, той виконав Закона. Бо заповіді: Не чини перелюбу, Не вбивай, Не кради, Не свідкуй неправдиво, Не пожадай й які інші, вони містяться всі в цьому слові: Люби свого ближнього, як самого себе! Любов не чинить зла ближньому, тож любов виконання Закону».

Послання до римлян 13:8-10

Частина 3

Любов – виконання Закону

Глава 1 : Любов Бога

Глава 2 : Любов Христа

Любов Бога

«Ми познали й увірували в ту любов, що Бог її має до нас. Бог є любов, і хто пробуває в любові, пробуває той в Бозі, і в нім Бог пробуває!»

1 Послання Івана 4:16

Під час роботи з індіанським народом кечуа, Еліот почав готуватися для того, щоби досягти індіанського племені гуаорані, знамените своєю жорстокістю. Він разом з чотирма іншими місіонерами, Едом МакКуллі, Роджером Юдеріаном, Пітером Флемінгом та їхнім пілотом Нейтом Сейнтом встановили контакт зі свого літака з індіанцями племені гуаоані за допомогою гучномовця і кошика з подарунками. Через кілька місяців чоловіки вирішили побудувати базу недалеко від індіанського племені вздовж ріки Курарай. Там до них кілька разів наближалися невеликі групи індіанців племені гуаорані. Дослідники навіть катали на літаку одного допитливого гуаорані, якого вони називали «Джордж» (його справжнє ім'я було Наенківі). Підбадьорені такими дружніми зустрічами, вони почали готуватися відвідати плем'я гуаорані, але їх випередили. Велика група гуаорані вбила Еліота і чотирьох його товаришів 8 січня 1956 року. Скалічене тіло Еліота разом з тілами його товаришів знайшли нижче за течією. Не знайшли лише тіла Еда МакКуллі.

Еліот разом зі своїми товаришами відразу стали відомими всьому світові як мученики, а журнал «Лайф» опублікував статтю на 10 сторінках про їхню подорож і смерть. Їм довіряли, ними цікавилися християни місіонери і молоді люди тих часів. Їх досі вважають гарним прикладом для християн-місіонерів, що працюють в усьому світі. Після смерті свого чоловіка Елізабет Еліот та інші місіонери почали працювати серед індіанців Аука, на яких вони мали глибокий вплив, і багато з яких навернулися у християнство. Багато душ було здобуто завдяки Божій любові.

Не будьте винні нікому нічого, крім того, щоб любити один одного. Бо хто іншого любить, той виконав Закона. Бо заповіді: Не чини перелюбу, Не вбивай, Не кради, Не свідкуй неправдиво, Не пожадай й які інші, вони містяться всі в цьому слові: Люби свого ближнього, як самого себе! Любов не чинить зла ближньому, тож любов виконання Закону (Послання до римлян 13:8-10).

Найвищий рівень любові серед всіх видів любові – це любов Бога до нас. Створення всіх предметів і людей також походить від любові Бога.

Бог створив людей і все навкруг, через Свою любов до нас

Спочатку Бог перебував у безкрайому просторі всесвіту Сам у Собі. Теперішній всесвіт відрізняється від відомого нам сьогодні. Це простір, який не має початку і кінця, не має жодних меж. Все відбувається відповідно до Божої волі і від того, що Він приховує у своєму серці. Тоді якщо Бог може робити і мати все, що Йому завгодно, чому Він створив людей?

Він хотів мати істинних дітей, з якими Він міг би ділитися красою Свого світу, яким насолоджувався Він Сам. Він хотів розділити простір, де все зроблене за Його бажанням. Це схоже на розум людини. Ми бажаємо відкрито ділитися гарними речами з тими, кого любимо. Маючи таке сподівання, Бог запланував зрощення людства для того, щоби отримати істинних дітей.

Спочатку Він розділив всесвіт на фізичний і духовний світи, створив небесне воїнство і ангелів, інших духовних істот та все необхідне, що повинно існувати у духовному царстві. Він створив простір для Себе, де Він перебуває, а також Небесне Царство, де житимуть Його істинні діти, а також простір для людей, де відбуватиметься зрощення людства. Через величезний проміжок часу Він створив землю у фізичному світі, а також сонце, місяць, зорі і природне середовище, все необхідне для життя людини.

Поряд з Богом існує безліч духовних істот, як ангели, але вони коряться Йому безумовно, наче роботи. Це не такі істоти, з якими Бог може розділити Свою любов. Тому Бог створив людей за Своїм образом, щоби отримати справжніх дітей, з якими Він міг би ділитися Своєю любов'ю. Якби було можливим мати роботів з гарними обличчями, які б діяли точно так, як ви бажаєте, чи могли б вони замінити вам власних дітей? Незважаючи на те, що ваші діти інколи можуть бути неслухняними, ви все рівно любитимете їх більше, ніж тих роботів, тому що вони можуть відчувати вашу любов і висловлювати свою любов вам. Так само відбувається з Богом. Він хотів мати справжніх дітей, з якими Він міг би ділитися своїми почуттями і любов'ю. Маючи таку любов, Бог створив першого чоловіка, Адама.

Створивши Адама, Бог посадив сад у місці, яке називалося еденський рай, що на сході, і помістив його туди. Еденський рай був люб'язно наданий Адамові Богом. Це незбагненно прекрасне місце, де квіти і дерева росли дуже добре, і всюди гуляли прекрасні тварини. Всюди росли плоди. Дув легкий вітерець, м'який, наче шовк, а трава наче шепотіла. Вода виблискувала, наче дорогоцінне каміння, відбиваючи світло. Навіть маючи найкращу людську уяву, неможливо повно висловити красу того місця.

Бог також дав Адамові помічницю на ім'я Єва. Не тому що Адам почувався самотнім. Бог заздалегідь знав серце Адама, тому що Сам Бог був самотнім довгий час. У найкращих умовах життя, даних Богом, Адам і Єва довго-довго ходили з Богом, маючи велику владу над усім створінням, наче пани.

Бог зрощує людей, щоби зробити їх Своїми справжніми дітьми

Але Адамові і Єві дечого бракувало, щоби стати справжніми Божими дітьми. Незважаючи на те, що Бог дав їм Свою любов у повній мірі, вони не могли по-справжньому відчути її. Вони насолоджувалися всім, що дав їм Бог, але вони нічого не заробили і не отримали за допомогою власних зусиль. Отже вони не розуміли, якою дорогоцінною була любов Бога, і вони не цінували того, що мали. Крім того, вони не знали з досвіду, що таке смерть або нещастя, і не розуміли ціни життя. Вони ніколи не відчували ненависть, тому не розуміли справжню цінність любові. Незважаючи на те, що вони чули і знали про це, просто тримаючи як знання, вони не відчували істинної любові у своєму серці, бо ніколи не мали власного досвіду.

Саме тому Адам і Єва їли з дерева пізнання добра і зла. Бог сказав: «...бо в день їди твоєї від нього ти напевно помреш!» Але вони не розуміли у повній мірі, що таке смерть (Книга Буття 2:17). Чи не знав Бог, що вони їстимуть з дерева пізнання добра і зла? Знав. Він знав, але все-таки дав Адамові і Єві свободу волі, щоби вони зробили вибір покори. У цьому полягає план зрощення людства.

Протягом зрощення людства Бог хотів, щоби всі люди відчули сльози, смуток, біль, смерть та інше, щоби пізніше потрапивши на небеса, вони дійсно відчули би, яким дорогоцінним і коштовним є все небесне, і щоби вони відчули справжнє щастя. Бог бажав ділитися Своєю любов'ю вічно на небесах, які прекрасніші за еденський рай і які неможливо порівняти ні з чим.

Після того, як Адам і Єва виявили непокору Слову Бога, вони більше не могли жити в еденському раї. А оскільки Адам також втратив владу як пан над іншими живими істотами і всім створінням, всі тварини і рослини також були прокляті. Земля колись мала багатство і красу, але вона також отримала прокляття. Тепер земля родила тернину і осот, а люди, важко працюючи, їли хліб у поті свого лиця.

Незважаючи на те, що Адам і Єва не послухалися Бога, Він зробив їм одежу шкіряну і зодягнув їх, тому що тепер вони мали жити у зовсім іншому середовищі (Книга Буття 3:21). Серце Бога, напевно, палало, як у батьків, які мають відправити свою дитину далеко на якийсь час, щоби підготувати її до майбутнього життя. Незважаючи на таку любов Бога, скоро після початку зрощення людства люди забруднилися гріхами і дуже швидко віддалилися від Бога.

У Посланні до римлян 1:21-23 написано: «Бо, пізнавши Бога, не прославляли Його, як Бога, і не дякували, але знікчемніли своїми думками, і запаморочилось нерозумне їхнє серце. Називаючи себе мудрими, вони потуманіли, і славу нетлінного Бога змінили на подобу образа тлінної людини, і птахів, і чотириногих, і гадів».

Цьому грішному людству Бог показав Свій план і любов завдяки обраному народу Ізраїля. З одного боку, коли вони жили за Божим Словом, Він являв дивовижні ознаки і дива і давав їм великі благословення. З іншого боку, коли вони відійшли від Бога, поклонялися ідолам і грішили, Бог посилав багато пророків, щоби показати Свою любов.

Одним з таких пророків був Осія, котрий діяв у темну епоху, після того, як Ізраїль розколовся на Північний Ізраїль і Південну Юдею.

Одного разу Бог дав Осії особливий наказ: «Іди, візьми собі жінку блудливу, і вона породить дітей блуду» (Книга Пророка Осії 1:2). Було немислимо, щоби божий пророк одружився з блудливою жінкою. І хоча він повністю не розумів наміри Бога, Осія скорився Його Слову і взяв собі жінку на ім'я Гомер.

Вона народила трьох дітей, але пішла від свого чоловіка до іншого, через свою похіть. Незважаючи на це, Бог наказав Осії любити свою дружину (Книга Пророка Осії 3:1). Осія подивився на жінку і купив її за п'ятнадцять шеклів срібла й хомер ячменю та летех ячменю.

Любов, яку Осія дав Ґомер, символізує любов Бога до нас. А блудлива жінка Ґомер символізує всіх людей, які забруднилися гріхами. Так само, як Осія взяв собі жінку блудливу, Бог спочатку полюбив тих, хто забруднився гріхами у цьому світі.

Він явив Свою нескінченну любов, сподіваючись на те, що всі люди зійдуть зі свого шляху смерті і стануть Його дітьми. Навіть якщо вони ставилися по-дружньому до цього світу і віддалилися від Бога на якийсь час, Він не промовить: «Ви залишили Мене, і я не можу вас знову прийняти». Він просто хоче, щоби всі повернулися до Нього, і Він робить це, маючи ще більше щирості у серці, ніж батьки, які чекають на повернення своїх дітей, які втекли з дому.

Бог приготував Ісуса Христа до початку віків

Притча про блудного сина, яка записана у 15 главі Євангелія від Луки, точно показує серце Бога-Отця. Другий син, котрий насолоджувався багатством, як дитина, не мав вдячного серця щодо свого батька і не розумів ціну свого життя. Одного дня він попросив батька віддати йому гроші, приготовані у спадок. Він був типовою розбещеною дитиною, яка просила віддати свою частину грошового спадку за життя батька.

Батько не міг зупинити свого сина, тому що той зовсім не розумів батькового серця, і зрештою дав йому спадкові гроші. Син зрадів і пішов з дому. З того моменту батько постійно відчував біль. Він змучився, бо постійно думав: «А якщо його поранили? А якщо його перестріли лихі люди?» Через хвилювання батько не міг спокійно спати, вдивлявся у горизонт, сподіваючись, що його син повернеться.

Гроші швидко закінчилися, і люди почали погано з ним поводитися. Чоловік був у жахливому положенні, так що навіть їв лушпиння, яким годували свиней. Більше ніхто йому нічого не давав. Тепер він пригадав дім свого батька. Він повернувся додому, але він так шкодував, що не міг навіть підвести голови. Але батько побіг до нього і поцілував. Батько не докоряв синові ні за що, але був такий щасливий, що одягнув сина у найкращий одяг, зарізав теля, щоби влаштувати святковий обід на честь повернення сина. Такою є любов Бога.

Божа любов дається не лише кільком особливим людям у особливий час. У 1 Посланні до Тимофія 2:4 написано: «[Бог] хоче, щоб усі люди спаслися, і прийшли до пізнання правди». Він тримає брами спасіння відкритими весь час, і коли б душа не повернулася до Бога, Він щиро прийме її з великою радістю і щастям.

З такою любов'ю Бога, Котрий перебуває з нами до кінця,

дорога відкрита для всіх, щоби кожен мав змогу отримати спасіння. Для цього Бог приготував Свого єдинородного Сина Ісуса Христа. Як написано у Посланні до євреїв 9:22: «І майже все за Законом кров'ю очищується, а без пролиття крови не має відпущення», Ісус заплатив ціну за гріхи, яку мали заплатити грішники, Своєю дорогоцінною кров'ю і Своїм власним життям.

У 1 Посланні Івана 4:9 говориться про любов Бога: «Любов Божа до нас з'явилася тим, що Бог Сина Свого Однородженого послав у світ, щоб ми через Нього жили». Бог зробив так, щоби Ісус пролив Свою дорогоцінну кров, щоби викупити всіх людей від їхніх гріхів. Ісуса розіп'яли, але Він переміг смерть і воскрес на третій день, бо не мав гріха. Таким чином нам було відкрито шлях для спасіння. Віддати нам Свого єдиного Сина не так легко, як здається. Корейське прислів'я говорить: «Батьки не відчувають болю навіть коли власні діти виколють їм очі». Багато батьків вважають, що життя їхніх дітей важливіше за їхнє власне життя.

Тому те, щоб Бог віддав Свого єдиного Сина Ісуса, є доказом Його величезної любові. Крім того, Бог приготував Небесне Царство для тих, кого Він поверне завдяки крові Ісуса Христа. Це величезна любов! І навіть тут Божа любов не закінчується.

Бог дав нам Святого Духа, щоби привести нас не небеса

Бог дає Святого Духа у дар тим, хто прийняв Ісуса Христа, і отримав прощення гріхів. Святий Дух – це серце Бога. Від часу вознесіння Господа, Бог послав у наші серця Свого Помічника, Святого Духа.

У Посланні до римлян 8:26-27 написано: «Так само ж і Дух допомагає нам у наших немочах; бо ми не знаємо, про що маємо молитись, як належить, але Сам Дух заступається за нас невимовними зідханнями. А Той, Хто досліджує серця, знає, яка думка Духа, бо з волі Божої заступається за святих».

Коли ми грішим, Святий Дух веде нас до покаяння невимовними зідханнями. Людям, які мають слабку віру, Він дає віру; людям, які не мають надії, Він дає надію. Так само, як матері ніжно заспокоюють і турбуються про своїх дітей, Він дає нам Свій голос, щоби ніхто не завдав нам шкоди і не образив. Таким чином, Він дає нам дізнатися про серце Бога, Котрий любить нас, і веде нас до Небесного Царства.

Якщо ми глибоко розуміємо цю любов, ми можемо лише любити Бога у відповідь. Якщо ми всім серцем любимо Бога, він відплачує нам величезною і дивовижною любов'ю, яка повністю охоплює нас. Він дає нам здоров'я і благословить нас так, щоби все нашій душі велося добре. Він робить так тому що такий закон духовного царства, але найважливіше те, що Він бажає, щоби ми відчували Його любов через благословення, які ми отримаємо від Нього. «Я кохаю всіх тих, хто кохає мене, хто ж шукає мене мене знайде!» (Книга

Приповістей 8:17).

Що ви відчули, коли вперше зустріли Бога і отримали зцілення або вирішення багатьох проблем? Напевно, ви відчули, що Бог любить навіть такого грішника, як ви. Сподіваюся, що ви сповідалися від чистого серця: «Якби ми наповнили океан чорнилом, і написали на пергаменті небес про Божу любов, океан би висох». Також я вірю, що ви були сповнені любов'ю Бога, Котрий дав вам вічні небеса, де немає турбот, смутку, хвороб, розлуки і смерті.

Не ми спершу полюбили Бога. Бог перший прийшов до нас і простягнув нам Свою руку. Він полюбив нас не тому, що ми заслужили його любов. Бог любив нас так сильно, що віддав на смерть Свого єдиного Сина за нас, грішників. Він любив всіх людей. Він дбає про всіх нас з більшою любов'ю, ніж будь-яка матір, яка не може забути своє немовля (Книга Пророка Ісаї 49:15). Він чекає на нас так, ніби тисяча років – це один день.

Божа любов – це істинна любов, яка не змінюється з часом. Коли ми пізніше потрапимо на небеса, ми відкриємо рота від здивування, коли побачимо прекрасні вінці, сяючий льон, небесні оселі із золота і дорогоцінних каменів, які Бог приготував для нас. Він дає нам нагороди і подарунки навіть під час нашого життя на землі, і з нетерпінням чекає того дня, коли буде з нами у Своїй вічній славі. Давайте відчуємо Його величезну любов.

Любов Христа

«...і поводьтеся в любові, як і Христос полюбив вас, і видав за нас Самого Себе, як дар і жертву Богові на приємні пахощі».

Послання до ефесян 5:2

Любов має велику силу робити неможливе можливим. Особливо дійсно дивовижною є любов Бога і любов Господа. Вона може перетворити недієздатних людей, які не можуть нічого робити, на дієздатних, які можуть робити все. Коли неосвічені рибалки, збирачі податків, які у той час вважалися грішниками, бідняки, вдови, зневажені зустріли Господа, їхнє життя повністю змінилося. Їхня бідність і хвороби зникли, вони відчули справжню любов, яку досі не відчували. Вони вважали себе нікчемними, але народилися знову як славетні інструменти Бога. Такою є сила любові.

Ісус прийшов на цю землю залишивши всю славу небес

Напочатку Бог був Словом, а Слово зійшло на цю землю у тілі людини. То був Ісус, єдинородний Син Бога. Ісус зійшов на цю землю, щоби спасти грішних людей, які прямували шляхом смерті. Ім'я «Ісус» означає «Він спасе Свій народ від їхніх гріхів» (Євангеліє від Матвія 1:21).

Всі ці люди, забруднені гріхами, нічим не відрізнялися від звірів (Екклезіяст 3:18). Ісус народився у стайні, щоби спасти людей, які залишили те, що мали робити, і були не кращими, ніж звірі. Його поклали у ясла, з яких їла худоба, щоби Він став істинною їжею для таких людей (Євангеліє від Івана 6:51). То було зроблено для того, щоби люди мали змогу повернути собі втрачений образ Бога і щоби дозволити їм виконати свій обов'язок.

Також в Євангелії від Матвія 8:20 написано: «Мають нори лисиці, а гнізда небесні пташки, Син же Людський не має де й голови прихилити...» Як написано, Він не мав місця для сну, Він мав залишатися вночі у полі, у холоді і під дощем. Часто Він не мав їжі і був голодний. Не тому що Він не міг нічого зробити. Він терпів все для того, щоби спасти нас від бідності. У 2 Посланні до коринтян 8:9 написано: «Бо ви знаєте благодать Господа нашого Ісуса Христа, Який, бувши багатий, збіднів ради вас, щоб ви збагатились Його убозтвом».

Ісус розпочав Своє публічне служіння з ознаки перетворення води на вино на весільному обіді у Кані. Він проповідував Боже Царство і являв багато ознак і див в Юдеї і Галілеї. Багато прокажених зцілилося, криві почали ходити і стрибати, а ті, хто був одержимий злими духами, звільнилися від сили темряви. Навіть чоловік, який помер чотири дні тому і вже смердів, вийшов із гробниці живий (Євангеліє Івана 11).

Ісус показав такі дивовижні справи під час Свого служіння на цій землі, щоби люди зрозуміли Божу любов. Крім того, бувши одним за походженням з Богом а також Сам бувши Словом, Він повністю виконував Закон і явив для нас бездоганний приклад. Також виконуючи весь Закон, Він не осуджував тих, хто порушив Закон і мав бути страчений. Він лише навчав людей істині, щоби хоча б одна душа покаялася і отримала спасіння.

Якби Ісус суворо оцінював всіх відповідно до Закону, жодна людина не змогла би отримати спасіння. Закон – це Божі заповіді, де говориться про те, що ми маємо робити, чого нам робити не слід, чого ми маємо позбутися і чого триматися. Наприклад, є такі заповіді: «Пам'ятай день суботній; не жадай дому ближнього свого; шануй свого батька та матір; позбувайся всіх форм зла». Найвіддаленішим призначенням всіх пунктів закону є любов. Якщо ви виконуватимете всі правила і закони, ви можете принаймні зовні здійснювати на любов практиці.

Але Бог бажає, щоби ми не лише виконували Закон своїми справами. Він хоче, щоби ми застосовували Закон на практиці з любов'ю, від щирого серця. Ісус дуже добре знав серце Бога і виконував Закон з любов'ю. Одним з найкращих прикладів є випадок із жінкою, яку схопили в перелюбі (Євангеліє від Івана 8). Одного дня книжники і фарисеї привели жінку, схоплену в перелюбі, поставили її посередині і запитали Ісуса: «Мойсей же в Законі звелів нам таких побивати камінням. А що ти говориш?» (Євангеліє від Івана 8:5)

Вони сказали так для того, щоби знайти підстави для звинувачення Ісуса. Як ви вважаєте, про що думала жінка у ту мить? Напевно вона відчувала великий сором, тому що її гріх відкрився перед всіма. Напевно, вона тремтіла від страху, бо її мали побити камінням. Якби Ісус сказав: «Вкаменуйте її», вона б загинула.

Однак Ісус не наказав їм покарати її відповідно до Закону. Замість цього Він нахилився додолу і почав писати щось пальцем по землі. Він записував гріхи, які звичайно чинять люди. Перечисливши ті гріхи, Він підвівся і промовив: «Хто з вас без гріха, – нехай перший на неї той каменем кине!»

(вірш 7). Потім Він знов нахилився додолу і писав по землі.

Тепер Він писав гріхи кожної людини, ніби бачив їх: коли, де і як кожен з них зогрішив. Відчувши докори сумління, люди стали один по одному виходити. Залишився Ісус і та жінка. У віршах 10 і 11 написано: «І підвівся Ісус, і нікого, крім жінки, не бачивши, промовив до неї: Де ж ті, жінко, що тебе оскаржали? Чи ніхто тебе не засудив? А вона відказала: Ніхто, Господи... І сказав їй Ісус: Не засуджую й Я тебе. Іди собі, але більш не гріши!»

Невже жінка не знала, що покаранням за перелюб є смерть через побиття камінням? Звичайно, знала. Вона знала Закон, але зогрішила, бо не могла подолати свою похіть. Вона лише чекала, що її стратять, тому що гріх було викрито. І коли вона несподівано отримала прощення Ісуса, як глибоко вона була зворушена! Пам'ятаючи любов Ісуса, жінка не могла би більше ніколи зогрішити.

Оскільки Ісус Своєю любов'ю простив жінку, яка порушила Закон, чи не застарів Закон, оскільки ми маємо любов до Бога і своїх ближніх? Ні. Ісус сказав: «Не подумайте, ніби Я руйнувати Закон чи Пророків прийшов, Я не руйнувати прийшов, але виконати» (Євангеліє від Матвія 5:17).

Ми можемо застосовувати на практиці Божу волю ще більше, тому що маємо Закон. Якщо людина просто говорить, що любить Бога, ми не можемо виміряти глибину і ширину такої любові. Однак міру такої любові можна перевірити, тому що ми маємо Закон. Якщо людина дійсно любить Бога всім серцем, вона напевно буде виконувати Закон. Такій людині не важко виконувати Закон. Крім того, в залежності від того, наскільки вона виконує Закон належним чином, вона отримає Божу любов і благословення.

Але законники у часи Ісуса не цікавилися любов'ю Бога, яка містилася в Законі. Вони не збиралися освячувати своє серце, а лише виконувати формальні вимоги. Вони відчували задоволення і навіть гордилися тим, що виконують Закон зовні. Вони вважали, що виконують Закон, і тому негайно осуджували і визнавали винними тих, хто порушував Закон. Коли Ісус пояснив істинне значення Закону і розповів про серце Бога, вони сказали, що Ісус неправий і одержимий злими духами.

Оскільки фарисеї не мали любові, старанне виконання Закону не приносило вигоди їхній душі (1 Послання до коринтян 13:1-3). Вони не позбулися зла зі свого серця, а лише осуджували і визнавали винними інших людей, таким чином віддаляючись від Бога. Зрештою вони вчинили гріх, розіп'явши Божого Сина, і це неможливо було змінити.

Ісус з покорою виконав план хреста до смерті

Наприкінці свого трирічного служіння саме перед початком страждань Ісус зійшов на гору Оливну. Наближалася ніч. Ісус молився перед тим, як зійти на хрест для розп'яття. Його молитва була гучним криком, щоби спасти всі душі Його невинною кров'ю. У Своїй молитві Ісус просив дати Йому сили побороти страждання на хресті. Він палко молився, так що піт Його став немов краплі крові, що спливали на землю (Євангеліє від Луки 22:42-44).

У ту ніч Ісуса схопили солдати і переводили з місця на місце для допитів. Зрештою у суді Пилата Його засудили до страти. Римські солдати одягли Ісусові на голову колючий вінок, плювали на Нього і били доки не привели на місце страти (Євангеліє від Матвія 27:28-31).

Все тіло Ісуса було залите кров'ю. Над Ним насміхалися, Його били всю ніч. У такому стані Його повели на Голгофу. Ісус мав нести дерев'яний хрест. За ним ішов натовп людей. Колись ці самі люди вітали Ісуса, викрикуючи: «Осанна», а тепер вони стали юрбою, яка кричала: «Нехай розіп'ятий буде!» Обличчя Ісуса було заюшене кров'ю настільки, що Його неможливо було упізнати. Він виснажився внаслідок болю від заподіяних катувань. Ісусові було надзвичайно важко зробити бодай один крок.

На горі Голгофа Ісуса було розіп'ято для того, щоби Він викупив нас від наших гріхів. Щоби викупити нас, людей, які перебували під прокляттям Закону, котрий говорить, що заплата за гріх – смерть (Послання до римлян 6:23), Він мав бути повішений на дерев'яному хресті і пролити всю Свою кров. Він простив нам наші гріхи, які ми вчиняємо у думках, коли Йому одягли на голову вінець із тернини. Його руки і ноги прибили цвяхами, щоби нам простилися гріхи, які ми вчиняємо своїми руками і ногами.

Безрозсудні люди, які не знали цього, насміхалися і глузували над Ісусом, коли Він висів на хресті (Євангеліє від Луки 23:35-37). Але, відчуваючи нестерпний біль, Ісус молився про прощення людей, які розпинали Його, про що написано в Євангелії від Луки 23:34: «Отче, відпусти їм, – бо не знають, що чинять вони».

Розп'яття – одне з найжорстокіших способів страти. Засуджений має страждати від болю довше, ніж під час інших покарань. Руки і ноги пробиті цвяхами, тіло ніби розривається на частини. Відбувається сильне зневоднення, порушується кровообіг. Все це призводить до повільного погіршення роботи внутрішніх органів. Засуджений страждає від укусів комах, які злітаються на запах крові.

Про що, на ваш погляд, думав Ісус, перебуваючи на хресті? Не про нестерпний біль, що розривав Його тіло. Ісус думав про те, для чого Бог створив людей, для чого зрощував їх на цій землі і чому має принести Його у жертву спокути за гріхи людей. Він молився і дякував за все.

Промучившись шість годин на хресті, Ісус промовив: «Прагну!» (Євангеліє від Івана 19:28) То була духовна спрага, спрага здобути душі людей, які прямують шляхом смерті. Думаючи про численних людей, які житимуть на цій землі у майбутньому, Він просив нас далі передавати слово про хрест і спасати душі.

Зрештою Ісус промовив: «Звершилось» (Євангеліє від Івана 19:30) а потім Він скрикнувши голосом гучним, промовив: «Отче, у руки Твої віддаю Свого духа!» (Євангеліє від Луки 23:46) Він віддав Свого духа у руки Бога, тому що виконав Свій обов'язок, щоби відкрити шлях спасіння для свого людства, ставши за них спокутною жертвою. У ту мить здійснився акт прояву величезної любові.

Відтоді стіну гріха між людьми і Богом було зруйновано, і тепер ми маємо змогу звертатися безпосередньо до Бога. До того первосвященик повинен був приносити жертву для прощення гріхів за людей, але тепер цього вже робити не треба. Будь-яка людина, яка вірить в Ісуса Христа, може увійти у святий храм Божий і безпосередньо поклонятися Богові.

Ісус з любов'ю готує для нас небесні оселі

Перед розп'яттям Ісус сказав Своїм учням про прийдешні часи. Він сказав, що має померти на хресті, щоби виконати план Бога-Отця. Але учні були дуже занепокоєні. Тому щоби заспокоїти їх Ісус розповів про небесні оселі.

В Євангелії від Івана 14:1-3 написано: «Нехай серце вам не тривожиться! Віруйте в Бога, і в Мене віруйте! Багато осель у домі Мого Отця; а коли б то не так, то сказав би Я вам, що йду приготувати місце для вас? А коли відійду й приготую вам місце, Я знову прийду й заберу вас до Себе, щоб де Я були й ви». Насправді Він переміг смерть і воскрес, і піднявся на небеса на очах багатьох людей. Щоби підготувати для нас небесні оселі. Що означають слова: «А коли відійду й приготую вам місце»?

У 1 Посланні Івана 2:2 написано: «Він ублагання за наші гріхи, і не тільки за наші, але й за гріхи всього світу». Це означає, що кожна людина може заволодіти небесами з вірою, тому що Ісус зруйнував стіну гріха між людьми і Богом.

Також Ісус сказав: «Багато осель у домі Мого Отця». Він бажає, щоби всі люди отримали спасіння. Він не сказав, що багато осель на «небесах», але «у домі Мого Отця», тому що ми можемо називати Бога «Авва-Отче» завдяки дії дорогоцінної крові Ісуса.

Господь досі постійно заступається за нас. Він щиро молиться перед Божим престолом, не їсть і не п'є (Євангеліє від Матвія 26:29). Він молиться, щоби ми перемогли у процесі зрощення людства на цій землі, і явили славу Бога, посприявши процвітанню своєї душі.

Крім того, коли після завершення зрощення людства відбудеться суд великого білого престолу, Він все ще діятиме для нас. На суді всі будуть осуджені без жодної помилки за ті справи, які вони вчинили. Але Господь буде захисником для Божих дітей і клопотатиметься про нас: «Я омив їхні гріхи Своєю кров'ю», щоби вони могли отримати кращу небесну оселю і нагороди на небесах. Оскільки Він зійшов на цю землю і особисто відчув все, через що проходить кожна людина, Він захищатиме людей як адвокат. Як ми можемо у повній мірі зрозуміти любов Христа?

Бог дозволив нам дізнатися про Його любов через Свого єдиного Сина Ісуса Христа. Це така любов, маючи яку Ісус не пожалів для нас останньої краплі крові. Це безумовна і незмінна любов, маючи яку Він прощатиме сімдесят разів по сім. Хто може відділити нас від такої любові?

У Посланні до Римлян 8:38-39 апостол Павло говорить: «Бо я пересвідчився, що ні смерть, ні життя, ні Анголи, ні влади, ні теперішнє, ні майбутнє, ні сили, ні вишина, ні глибина, ані інше яке створіння не зможе відлучити нас від любови Божої, яка в Христі Ісусі, Господі нашім!»

Апостол Павло розумів Божу любов і любов Христа, він відмовився від особистого життя, щоби виконати Божу волю і бути апостолом. До того ж він не жалів свого життя, щоби євангелізувати язичників. Він застосовував на практиці Божу любов і привів безліч душ до шляху спасіння.

Незважаючи на те, що його називали «ватажком секти назареїв», Павло присвятив своє життя проповіді Євангелія. Він розповсюджував по всьому світу любов Бога і любов Господа, яка глибша і ширша за будь-яку одиницю виміру. В ім'я Господа нашого я молюся про те, щоби ви стали справжніми Божими дітьми, які виконуватимуть Закон з любов'ю і вічно житимуть у найпрекраснішій небесній оселі – Новому Єрусалимі, розділяючи любов Бога і любов Господа.

Автор:
Доктор Джерок Лі

Доктор Джерок Лі народився у 1943 році у Муані, провінція Джеоннам, Республіка Корея. До тридцяти років на протязі семи років доктор Лі страждав від невиліковних хвороб і мав померти, не маючи надії на одужання. Одного дня навесні 1974 року його сестра привела його до церкви. І коли він став на коліна і помолився Богові, Бог зцілив його від усіх хвороб.

З того моменту, коли доктор Лі пізнав живого Бога через такий чудовий випадок, він щиро полюбив Бога усім серцем. А у 1978 році Бог покликав його на служіння. Джерок Лі палко молився про те, щоби ясно зрозуміти волю Бога та повністю виконати її. У 1982 році він заснував Центральну Церков Манмін у Сеулі, Південна Корея, а також почав виконувати численні Божі справи. У церкві почали відбуватися чудесні зцілення і дива.

У 1986 році доктор Лі отримав духовний сан пастора Щорічної асамблеї християнської церкви Сункюл, Корея. А через чотири роки, у 1990 році, його проповіді почали транслюватися в Австралії, Росії і на Філіппінах. Через деякий час ще більше країн отримали змогу чути радіопрограми завдяки роботі Радіотрансляційної кампанії Далекого Сходу, Широкомовної станції Азії та Християнського радіо мережі Вашингтон.

Через три роки, у 1993, журнал «Християнський світ» (США) оголосив Центральну Церкву Манмін однією з «50 найбільших церков світу». Доктор Лі отримав почесний ступінь доктора богослов'я у Коледжі Християнської віри, Флоріда, США. А у 1996 році - ступінь доктора духівництва у Теологічній семінарії Кінгсвей, Айова, США.

З 1993 року доктор Лі керує всесвітньою місією, проводить багато кампаній у Танзанії, Аргентині, Латинській Америці, Місті Балтимор, на Гаваях, у місті Нью-Йорк (США), в Уганді, Японії, Пакистані, Кенії, на Філіппінах, у Гондурасі, Індії, Росії, Німеччині, Перу, Демократичній Республіці Конго, Ізраїлі та Естонії.

У 2002 найбільша християнська газета Кореї назвала Джерок Лі «Всесвітнім пастором» за його роботу у багатьох великий об'єднаних кампаніях, що проводилися за кордоном. Особливо його «Кампанія Нью-

Йорк 2006», яка проводилася у Медісон Сквер Гарден, найвідомішій у світі арені, транслювалася для 220 країн світу. Під час «Ізраїльської об'єднаної кампанії 2009», яка проводилася у Міжнародному Центрі Конвенцій в Ізраїлі, доктор Лі сміливо проголосив Ісуса Христа Месією і Спасителем.

Його проповіді транслюються у 176 країнах світу через супутники, у тому числі телебачення ВМХ. Також доктор Джерок Лі потрапив у десятку найвпливовіших християнських лідерів 2009 і 2010 років за версією найпопулярнішого російського журналу «Ін Вікторі» і нового агентства «Крістіан Телеграф» за його могутнє телевізійне служіння і пасторське служіння за кордоном.

З липня 2013 року Центральна Церква Манмін налічує більше 120 000 членів. Вона має 10 000 церков-філій в усьому світі, у тому числі 56 домашніх церков-філій, також відправила більше 125 місіонерів у 23 країни світу, у тому числі США, Росію, Німеччину, Канаду, Японію, Китай, Францію, Індію, Кенію та багато інших.

На момент виходу цієї книжки доктор Лі написав 87 книжок, серед яких є бестселери: «Відчути вічне життя до смерті», «Моє життя, моя віра І і ІІ», «Слово про хрест», «Міра віри», «Небеса І і ІІ», «Пекло», «Пробудження Ізраїлю» і «Сила Бога». Його роботи були перекладені більш ніж на 75 мов.

Його статті друкуються на шпальтах видань: «Ганкук Ілбо», «ДжунАн Дейлі», «Чосун Ілбо», «Дон-А Ілбо», «Мунгва Ілбо», «Сеул Шінмун», «Кунгуан Шінмун», «Економічна щоденна газета Кореї», «Вісник Кореї», «Шіса Ньюс» та «Християнська газета».

Доктор Лі є головою багатьох місіонерських організацій та об'єднань. Він – голова Об'єднаної церкви святості Ісуса Христа; президент Всесвітньої Місії Манмін; незмінний президент Асоціації всесвітньої місії християнського відродження; засновник і голова правління Всесвітньої християнської мережі (ВХМ); засновник і голова правління Всесвітньої мережі християн-лікарів (ВМХЛ); а також засновник і голова правління Міжнародної семінарії Манмін (МСМ).

Інші відомі книжки автора

Небеса I і II

Детальна розповідь про розкішне оточення, в якому житимуть небесні мешканці, а також прекрасний опис різних рівнів небесних царств.

Слово про Хрест

Сильна проповідь пробудження про всіх людей, які перебувають у духовному сні. Із цієї книги ви дізнаєтеся про те, чому Ісус – Єдиний Спаситель, а також про істинну Божу любов.

Пекло

Відкрите послання Бога всьому людству. Він бажає, щоби жодна людина не потрапила у пекло. Ви дізнаєтеся про досі невідомі думки щодо жорстокої дійсності Гадесу та пекла.

Дух, Душа і Тіло I і II

Посібник, який дає нам духовне розуміння духу, душі і тіла, і допомагає нам дізнатися про те, яке «я» ми створили, так щоби отримати силу перемогти темряву і стати людиною духу.

Міра Віри

Які оселі, вінці та нагороди приготовані для вас на небесах? Ця книга додасть вам мудрості і скерує вас, щоби ви виміряли свою віру, розвивали і вдосконалювали її.

Пробудження Ізраїлю

Чому Бог споглядав за Ізраїлем з самого початку і до теперішніх часів? Яке провидіння було приготоване в останні дні для Ізраїльського народу, який досі чекає на Месію?

Моє Життя, Моя Віра I і II

Автобіографія доктора Джерок Лі дозволяє читачам відчути найприємніший духовний аромат, розповідаючи про життя, що цвіте надмірною любов'ю до Бога посеред чорних хвиль, холодного ярма і найглибшого розпачу.

Сила Бога

Книга, яку бажано прочитати всім. Ця книга – важливий провідник, завдяки якому кожен може оволодіти істинною вірою і відчути дивовижну силу Бога.

www.urimbooks.com

www.ingramcontent.com/pod-product-compliance
Lightning Source LLC
LaVergne TN
LVHW010204070526
838199LV00062B/4494